DIETMAR ROTHERMUND

GRUNDZÜGE DER INDISCHEN GESCHICHTE

GRUNDZÜGE

BAND 30

DIETMAR ROTHERMUND

GRUNDZÜGE
DER INDISCHEN GESCHICHTE

1986

WISSENSCHAFTLICHE BUCHGESELLSCHAFT

DARMSTADT

1. Auflage 1976

CIP-Kurztitelaufnahme der Deutschen Bibliothek

Rothermund, Dietmar:
Grundzüge der indischen Geschichte / Dietmar
Rothermund. – 2., durchges. u. erw. Aufl. –
Darmstadt: Wissenschaftliche Buchgesellschaft,
1986.
  (Grundzüge; Bd. 30)
  ISBN 3-534-03907-6
NE: GT

1 2 3 4 5

wb Bestellnummer 3907-6

2., durchgesehene und erweiterte Auflage
© 1986 by Wissenschaftliche Buchgesellschaft, Darmstadt
Satz: Maschinensetzerei Janß, Pfungstadt
Druck und Einband: Wissenschaftliche Buchgesellschaft, Darmstadt
Printed in Germany
Schrift: Linotype Garamond, 9/11

ISSN 0533-344X
ISBN 3-534-03907-6

INHALT

Vorbemerkungen VII

1. Regionen und Perioden 1
   1.1. Die historischen Regionen Indiens 1
   1.2. Die Periodisierung der indischen Geschichte . . 11

2. Die Entstehung der indischen Hochkultur 16
   2.1. Die Epochen der Vorgeschichte 16
   2.2. Indien im Zeitalter der Induskultur 18
   2.3. Die Einwanderung der Arier und die Durchdringung der Gangesebene 22
   2.4. Der Aufstieg des ersten indischen Großreiches . . 26

3. Hinduistischer Herrschaftsstil und Regionalkultur . . 31
   3.1. Brahmanen und Epigonen: Der Hinduismus und die Vielfalt der Staaten 31
   3.2. Die Verbreitung des höfischen Herrschaftsstils . 36
   3.3. Die Verfeinerung der Hofkultur und die Entwicklung regionaler Kulturen 42

4. Der Einbruch islamischer Herrscher und der Widerstand des Südens 47
   4.1. Das Sultanat Delhi, die Sultanate des Südens und das Reich von Vijayanagar 47
   4.2. Das Mogulreich und der Aufstieg der Marathen . 54

5. Die britische Kolonialherrschaft 64
   5.1. Von der Handelsgesellschaft zur Territorialmacht 64
   5.2. Die Konsolidierung der britischen Herrschaft . . 73

5.3. Der Aufbau der britisch-indischen Verwaltung . 80
5.4. Fremdherrschaft, Tradition und Kollaboration . 83

6. Der Freiheitskampf und die Teilung Indiens . . . 88
    6.1. Die Entstehung des indischen Nationalismus . . 88
    6.2. Traditionalismus und Kommunalismus 91
    6.3. Ständestaat und parlamentarische Demokratie: Widersprüche der britisch-indischen Verfassungsreformen 95
    6.4. Der Freiheitskampf unter der Führung Gandhis . 100
    6.5. Der Zweite Weltkrieg und die Teilung Indiens . 110

7. Die Republik Indien — Kontinuität und Konflikte . 122
    7.1. Regionale Konflikte und globale Friedenspolitik . 122
    7.2. Verfassungskontinuität und Parteipolitik . . . 133
    7.3. Koloniales Erbe und Wirtschaftsentwicklung . . 146
    7.4. Der überforderte Staat und die traditionale Gesellschaft 154

Bibliographische Anmerkungen 159

Zeittafel 179

Anmerkungen zur Karte 189

Faltkarte

VORBEMERKUNGEN

Diese Grundzüge der Geschichte Indiens sind für den Leser geschrieben, der die Geschichte dieses Landes studieren will, um seine Gegenwart besser zu verstehen. Der Verfasser lehrt neuere Geschichte, das Hauptgewicht der Darstellung liegt daher auf diesem Gebiet, während die alte Geschichte sozusagen in perspektivischer Verkürzung dargestellt worden ist. Dabei geht es vor allem um eine Interpretation der indischen Geschichte, die dem regionalen Rahmen der historischen Handlung besondere Beachtung schenkt. Diesen Gesichtspunkt hat der Verfasser nicht nur durch das Studium der indischen Geschichte, sondern auch durch die lebendige Erfahrung der Regionen Indiens gewonnen. Um dem Leser diesen regionalen Rahmen zu veranschaulichen, ist diesem Buch eine Karte beigegeben worden, die nach Entwürfen des Verfassers von Mitarbeitern des Instituts für Geographie am Südasien-Institut der Universität Heidelberg hergestellt wurde. Nähere Einzelheiten hierzu sind in den Anmerkungen zu dieser Karte angegeben.

Der Text des Buches folgt einer chronologischen Ordnung, das Interesse des Verfassers gilt jedoch in erster Linie den Strukturelementen der Geschichte Indiens. Ihre Betrachtung wird in den chronologischen Ablauf eingefügt, die Ereignisgeschichte wird aber so knapp wie möglich skizziert, um dieser Betrachtung Raum zu geben. Deshalb werden Fragen wie die nach der Rolle der Brahmanen als Kulturträger oder nach der Ausprägung eines höfischen Herrschaftsstils in den Vordergrund gestellt und Einzelheiten der dynastischen Geschichte übergangen. Die Zeittafel dient hier als notwendige Ergänzung. Auf Anmerkungen wurde verzichtet, die wichtigsten Literaturangaben sind kapitelweise am Ende des Buches zusammengefaßt. Diese Angaben sind zugleich als kommentierte Bibliographie gedacht. Bei der Transkription indischer Worte und Namen wurde die gängigste Form gewählt und auf diakritische Zeichen verzichtet: Krishna statt Kṛṣṇa, Ashoka statt Aśoka etc. Eine Textedition wäre ohne wissenschaftlich genaue Transkription undenkbar, denn schon aus den beiden Beispielen ist ersichtlich, daß in der gängigen Umschrift zwei verschiedenartige Konsonanten auf dieselbe Weise wiedergegeben werden. Für dieses Buch genügt die gängige Umschrift, da fast nur Namen genannt werden, mit deren Verwechselung aufgrund unvollkommener Transkription nicht zu rechnen ist.

1. REGIONEN UND PERIODEN

1.1. Die historischen Regionen Indiens

Der indische Subkontinent zeigt auf den ersten Blick drei deutlich zu unterscheidende Regionen: das flache Schwemmland zu Füßen des Himalaya, durchzogen von Indus und Ganges, das Dekkan-Hochland, das sich nach Osten neigt, und daran anschließend die Niederungen der Ostküste, gegliedert von den Unterläufen der Flüsse, die vom Hochland kommen. Die Gestalt dieser Großregionen bestimmt auch den Ablauf des Monsuns, des großen Regens, der jährlich vom Südwesten übers Meer ins Land treibt und bestimmt, ob die Ernte gut wird oder ob Dürre hier und Flut dort sie zerstören. Der Südwest-Monsun bricht sich an den Ghats, der Kante des Dekkanplateaus im Westen, so daß nicht viel Regen auf das Hochland gelangt, aber er zieht nach Nordosten hinein in die fruchtbaren Flußebenen des großen Schwemmlandes, er dreht sich auch um das Hochland herum und weht von der Ostküste bis weit hinein ins Land, da ihm hier keine Berge entgegenstehen. Er dringt auch von hier aus in das nördliche Schwemmland vor. Zwischen Ende Mai und Anfang September zieht der Monsun durchs Land, danach kommen die Monate der Reife und Ernte und ab Januar die Trockenzeit. Nur der äußerste Süden bleibt im Sommer trocken und wird erst vom zurückkehrenden Spätmonsun von Oktober bis Dezember mit Regen versorgt.

Diese ständig wiederkehrende Großwetterlage bestimmt die Anbaugebiete der verschiedenen Getreidearten. An der Ostküste und im Osten des nördlichen Schwemmlandes wächst Reis, und da der Reis sehr viel mehr Ertrag bringt als jede andere Getreideart, wachsen dort auch viele Menschen. Auf dem trokkenen Hochland reicht der Regen nur selten zum Reisanbau, und die genügsamen und widerstandsfähigen Hirsearten (vor allem jowhar = sorghum vulgare) ernähren hier eine weit spärlichere Bevölkerung. Im Norden, im oberen Gangestal und im Industal wächst Weizen, reichlicher als die Hirse und zugleich unempfindlicher als der Reis, der das Leben derer, die ihn anbauen, in einen unerbittlichen Rhythmus zwingt. Reisfelder wollen überschwemmt und terrassiert werden, um guten Ertrag zu bringen, und der Reis will einzeln ausgepflanzt werden. Pflügen, Aussäen, Umpflanzen und Ernten müssen pünktlich geschehen, schon ein paar versäumte Tage können den Ertrag empfindlich verringern oder gar die Ernte in Frage stellen. Der Reisbauer ist daher auf ein geregeltes friedliches Leben angewiesen und wird ein leichtes Opfer von kriegerischen Nachbarn, die nicht so gebunden sind, weil Hirse oder Weizen ihnen Zeit lassen, im Kriege zu erobern, was ihnen die Ernte an Reichtum nicht bescheren kann.

In China gab es ein altes Sprichwort, daß nur die Nudelesser aus dem Norden, nicht aber die Reisesser aus dem Süden Dynastien gründen können. Dieses Sprichwort spielt auf denselben Zustand an, der hier beschrieben worden ist. Mit einigen Abwandlungen gilt dieses Sprichwort auch für Indien. Hier hielt sich zwar nie auf längere Zeit eine zentrale Dynastie, so wie es sie in China gab, und Nudeln aß man in Indien auch nicht, sondern ein dünnes Fladenbrot aus Weizen- oder Hirsemehl, das in der Pfanne geröstet wird, aber der allgemeine Grundsatz, daß aus den Weizen- und Hirsegebieten sehr oft Feldzüge in die Reisgebiete unternommen wurden, die ihrerseits meist nur Verteidigungskriege führen konnten, gilt durchaus auch für Indien. Es kam hinzu, daß es den Menschen in den Weizen- und Hirsegebieten leichter möglich war, Pferde und Elefanten zu halten, die für eine offensive Kriegführung erforderlich waren, während es in den Gebieten intensiver Reiskultur an Weidegründen fehlte und vorrangig Zugvieh für das Pflügen gehalten werden mußte, so daß im Kriegsfall in diesen dicht bevölkerten Gebieten allenfalls ein großes Fußvolk aufgeboten werden konnte, das eher für die Defensive als für die Offensive geeignet war. Diese Regel gilt freilich erst von jener Zeit an, als mit Hilfe entsprechender Werkzeuge und einer seßhaften Bauernkultur die fruchtbaren Gebiete des Osten und Nordosten urbar gemacht worden waren und sich erst dadurch eine solche Polarisierung von Reisregionen und anderen Regionen ergeben konnte. Näheres hierzu wird im nächsten Kapitel zu sagen sein.

Wenden wir uns nun wieder der Frage der historischen Regionalisierung zu. Diese Regionalisierung kann bei der Nennung der oben charakterisierten drei Großregionen nicht stehenbleiben, sondern muß den Einzelheiten wiederholter Schwerpunktbildung im Ablauf der indischen Geschichte nachgehen, um das Wechselspiel von Landschaft und Geschichte nachzuzeichnen. Man kann in diesem Bemühen selbstverständlich so weit gehen, daß man eine Hierarchie von Regionen darstellt und bis zur kleinsten Einheit von Stadt und Landkreis Zuordnungen vornimmt. Wir wollen uns jedoch hier damit begnügen, die drei Großregionen in einige wenige wichtige Teilregionen zu untergliedern, die im Laufe der Geschichte wiederholt zum Territorium bedeutender Dynastien wurden und sich von anderen Teilregionen deutlich absetzten. Ein wesentliches Merkmal einer solchen Teilregion ist es auch, daß über sie hinaus im Rahmen der gegebenen Herrschaftsmittel sich auf längere Zeit kaum ein Reich ausdehnen konnte. Entstand jedoch in einer solchen Teilregion eine bedeutende Macht, so war es anderen Mächten in der Großregion kaum möglich, eine ähnliche Macht zu erringen. Die Vormacht der Großregion setzte sich dann meist mit den Vormächten anderer Großregionen auseinander. Im Vorgriff auf Dinge, die später zu schildern sind, soll hier nur ein typisches Beispiel dieser Art genannt werden: Im 8. Jahrhundert kämpfte der Chalukya-König Pulakeshin II, der die Vormacht auf dem Hochland hatte, sowohl gegen Harshavardhana von Kanauj, der die mittlere Gangesebene beherrschte, als auch gegen den Pallava-König Narasimhavarman, dessen Reich das bedeutendste der Ostküste war.

Versuchen wir nun, die drei Großregionen in diesem Sinne in Teilregionen zu gliedern, und beginnen wir dabei mit der Nordregion. Sie läßt sich in vier Teilregionen aufteilen: 1. Das Industal, etwa in den territorialen Grenzen des heutigen Pakistan und des indischen Panjab. 2. Das Doab (Zweistromland) von Ganges und Jamuna, berühmt durch die Städte Delhi und Agra. 3. Die mittlere Gangesebene, das Land zwischen Lakhnau und Benares. 4. Die östliche Gangesebene, Bihar und Bengalen. Die erste Teilregion ist die Geburtsstätte der ältesten indischen Kultur und stand später oft in Beziehung zu Afghanistan und Zentralasien. Ihr Herzland ist das fruchtbare Panjab (Fünfstromland), Einfallstor und Beute vieler Invasoren aus dem Norden. Eine oft sehr eigenständige Sub-Region ist das südliche Sindh am Unterlauf des Indus, gesäumt von der Wüste Thar im Osten. Die zweite Region, das Doab, ist von größter strategischer Bedeutung und daher zumeist Hausmacht aller Dynastien, die sich darum bemühten, ganz Indien zu beherrschen. Delhi, in vielen Perioden imperiale Hauptstadt, liegt an der Schwelle dieser Region und beherrscht den Eingang von Nordwesten her. Die dritte Region ist das eigentliche Herzland Nordindiens, das Ayodhya des legendären Königs Rama, das Kanauj Harshavardhanas, das Land der heiligen Stätten, des Sangam (Zusammenfluß) von Ganges und Jamuna beim heutigen Allahabad, und der Tempelstadt Benares. Die vierte Region, die fruchtbare Reisebene des unteren Ganges, war der Ausgangspunkt des ersten indischen Großreiches der Mauryadynastie in Pataliputra (Patna). Von diesen vier Teilregionen gilt die Regel, daß sie entweder von nebeneinander koexistierenden Mittelmächten besetzt waren oder aber von einer Vormacht, die in einer der Teilregionen ihre Hausmacht hatte. In welcher Teilregion diese Hausmacht lag, war von Bedeutung für den Gesamtcharakter des Herrschaftssystems. Eine Vormacht in der ersten Region bedeutete meist einen Verbund mit Gebieten jenseits der Berge und wenig Einfluß auf das Geschehen über die zweite Region hinaus. Die zweite Region eignete sich am besten zur Errichtung einer Zentralmacht. Von hier aus konnte man verhindern, daß die erste Region unter fremden Einfluß geriet, und auch die dritte Region ließ sich noch unmittelbar beeinflussen, während man die vierte meist mehr oder weniger ergebenen Statthaltern überließ. Die islamischen Herrscher Indiens vom Sultanat Delhis bis zu den Großmogulen hatten in dieser Region ihren Standort und ihre Hausmacht. Die dritte Region war dann von hervorragender Bedeutung, wenn es gelang, in der zweiten Region die Verteidigung gegen Gegner aus dem Norden zu halten und andererseits auf die reichen Ressourcen der vierten Region zurückzugreifen, wie es in ganz besonderem Maß Harshavardhana im 7. Jahrhundert gelang. Wer schließlich in der vierten Region herrschte, hatte nicht nur ein reiches Territorium, sondern auch den Zugang zum Seehandel und konnte zur Zentralmacht werden, wenn keine mächtigen Gegner im Norden saßen, die Maurya-Dynastie hatte dies im 3. Jahrhundert vor Christus gezeigt, die Briten zeigten es im 18. Jahrhundert, wenn auch in einem ganz anderen Zusammenhang.

Die zweite Großregion, das Dekkan-Hochland, muß anders unterteilt werden als das breite Band des nördlichen Schwemmlandes. Hier gilt es, Schwerpunkte zu identifizieren, die wiederholt zum Ansatz von Vormachtstellungen geworden sind. Besondere Beachtung verdient dabei auch die Gliederung des Landes durch Höhenzüge, die im allgemeinen von Norden nach Süden verlaufen, und Flüsse, die von Westen nach Osten fließen. Beginnen wir im Norden, so sehen wir einen ersten Schwerpunkt im Gebiet Nasik-Aurangabad-Paithan am Oberlauf der Godaveri. Hier hatten die Satavahanas im 2. Jahrhundert vor Christus ihren Hauptstandort, und hier versuchten später islamische Herrscher, die von Delhi aus nicht den Süden beherrschen konnten, eine Südhauptstadt zu errichten, Muhammed Tughluk in Daulatabad und Aurangzeb in Aurangabad. Hier in der Nähe liegen auch die Höhlen von Ajanta und Ellora, einst Hauptstadt der Rashtrakutas. Ein zweiter Schwerpunkt liegt in der Gegend östlich des Flusses Bhima zwischen den heutigen Städten Sholapur und Haiderabad. Dort liegen die alten Hauptstädte Kalyani, Bidar, Malkhed und Gulbarga. Der dritte Schwerpunkt befindet sich zwischen den Oberläufen von Krishna und Tungabhadra, dort sind die alten Chalukyahauptstädte Badami,

Aihole und Pattadkal und nördlich davon Bijapur, Hauptstadt der islamischen Herrscher einer späteren Zeit. Der vierte Schwerpunkt liegt im Hochland des Südens, ausgezeichnet durch die Städte der Hoysala-Dynastie mit ihren berühmten Tempeln in Belur und Halebid.

Betrachten wir uns diese vier Schwerpunkte in ähnlicher Weise wie die vier Regionen des Nordens, so läßt sich auch hier feststellen, daß eine Vormacht nur in jeweils einem der vier Zentren entstehen konnte. Der erste Schwerpunkt eignete sich besonders zur Machtbefestigung gegen Feinde aus dem Norden oder aber als Brückenkopf nördlicher Mächte auf dem Hochland. Der zweite Schwerpunkt lag im Zentrum des Hochlandes, von hier aus ließ es sich nach allen Richtungen beherrschen, deshalb haben auch verschiedenste Dynastien in vielen Perioden der indischen Geschichte hier ihr Hauptquartier errichtet. Der dritte Schwerpunkt eignete sich vorzüglich als Ausgangsbasis einer Hochlandmacht, die es auf die fruchtbaren Reisniederungen der Küste abgesehen hatte. Ähnliches gilt auch von dem weiter südöstlich gelegenen vierten Schwerpunkt. Dieser Schwerpunkt eignete sich ganz besonders zur Beherrschung des Südens bei gleichzeitiger Abwehrstellung gegen das nördlichere Hochland.

Als letztes gilt es nun, die Großregion der Ostküste zu untergliedern. Auch hier zeichnen sich vier Teilregionen ab, die im wesentlichen durch die Unterläufe der großen Flüsse gekennzeichnet sind. Als erste ist hier die Krishna-Godaveri-Region zu nennen, in der die alten Hauptstädte Vengi, Amaravati und Nagarjunakonda lagen. Die zweite Region ist die Küste um das heutige Madras und ihr Hinterland, Tondaimandalam, Mittelpunkt des Pallavareiches. Es folgt das fruchtbare Kaveri-Delta mit der Stadt Tanjore als dritte Region und südlich davon als vierte das Land um Madurai. Allgemein gilt auch hier die Regel, daß sich eine Vormacht in einer Teilregion etablierte, doch haben hier weit mehr als in der Ebene des Nordens und im Hochland oft bedeutende Herrschaftssysteme nebeneinander bestanden, da die Blickrichtung oft entweder aufs Hochland oder nach Übersee, nicht aber auf andere Gebiete der Küste gerichtet war. Auch hatten die Küstenregionen weniger Querverbindungen als die Regionen der Ebene. Dort in der Ebene verband der Ganges die Regionen, hier an der Küste waren sie wie Kammern voneinander getrennt. Dies gilt besonders von der ersten und zweiten Region, beides fruchtbare Reistäler, getrennt durch einen Streifen trockenen Küstenlandes, in dem das Hochland nahe an die See herantritt und der Hirseanbau bis hin zur Küste reicht. Die drei südlichen Küstenregionen liegen dann sehr nahe aneinander, unterscheiden sich aber in ihrem Charakter sehr deutlich voneinander. Die Gegend um den Palarfluß, an dem die alte Hauptstadt Kanchipuram, das heutige Conjeeveram, liegt, ist eine große offene Ebene, die daran angrenzende Region des Kaveridelta ist eine der intensivst bearbeiteten Reisdeltagebiete der Welt, eine über die Jahrhunderte von Menschen gestaltete Kulturlandschaft. Ähnliches gilt von der vierten Region, die sich jedoch nicht durch ein aufgefächertes Delta auszeichnet, sondern durch ein Terrassengefälle zur Küste hin, das von unzähligen künstlichen Becken durchzogen ist, die das Regenwasser zurückhalten. Die alte Hauptstadt dieser Region, Madurai, hebt sich mit der Silhouette hoher Tempel eindrucksvoll gegen die blauen Berge des Hochlandes ab, das hier nur etwa hundert Kilometer von der Küste entfernt ist.

Nach dieser Aufgliederung der Großregionen fallen einige Gebiete auf, die sich nicht in dieses Schema einordnen. Es sind dieses Rand- oder Zwischenzonen, die hier noch näher beschrieben werden sollen. Eine solche Zone zieht sich quer durch Indien und umfaßt Gujarat, Malwa, das weite Waldland im Nordosten, das noch heute verschiedenen Stämmen als Rückzugsgebiet dient, und schließlich Orissa. Gujarat ist eine fruchtbare Niederung an der Westküste, die immer im Spannungsfeld zwischen dem Hochland und Nordindien gestanden hat und einmal von Statthaltern nördlicher Mächte, ein andermal von solchen des Hochlandes beherrscht wurde, zumal Landwirtschaft und Häfen dieser Region schon immer ihre Anziehungskraft hatten. Malwa, nordöstlich von Gujarat ist eine Durchgangszone von Norden zum Hochland und nach Gujarat und ist oft und heiß umkämpft worden, aber eigentlich nicht um seiner selbst willen, sondern wegen dieser wichtigen Funktion. Das Rückzugsgebiet der Stämme im Nordosten blieb unbeherrscht von den Dynastien der Großregionen. Orissa aber spielte eine ganz eigene Rolle. Isoliert durch das Stammesgebiet in seinem Rücken und nur durch den Küstenstreifen im Norden mit Bengalen und im Süden mit der Godaveri-Region verbunden, blieb das alte Kalinga, um das schon der Maurya-Kaiser Ashoka im 3. Jahrhundert vor Christus gekämpft hatte, in den meisten Perioden der indischen Geschichte eine Region für sich, die von außen nicht zu beherrschen war. Ein Hauptgrund hierfür waren die jahreszeitlichen Überschwemmungen, die diese Region von der Außenwelt abschnitten, eine Falle für Eindringlinge und ein Schutz für die einheimischen Herrscher. Orissa war daher oft ein Pufferstaat zwischen Nordebene und Ostküste und vereinte Elemente beider Großregionen in sich.

Betrachtet man die beiden wesentlichen Durchgangsregionen Malwa und Orissa, so kann man die erste mit einer Drehscheibe, die zweite mit einer Schleuse vergleichen. Die Drehscheibe, nördlicher Ausläufer des Hochlandes, war nach allen Seiten offen, das ganze Jahr hindurch hart und unwirtlich, aber zugänglich. Herrschaft lohnte sich hier nur für jene, die es verstanden, aus der Funktion der Region Gewinn zu ziehen. Die Schleuse Orissa dagegen war reich und auch um ihrer selbst willen begehrenswert, aber durch ihre periodische Unzugänglichkeit abgeschirmt; sie ließ Herrschaftseinflüsse zeitweilig passieren, konnte sie aber auch abriegeln.

Eine ähnliche Sonderrolle spielte eine Randregion im äußersten Südwesten an der Malabarküste, das schöne Kerala. Auch Kerala läßt sich in keine der Großregionen einordnen. Die Berge schirmen es von den Ostküstenregionen ab, das Dekkanhochland ist zu weit, um hier noch von Einfluß zu sein. Eine eigenständige Kultur hat sich hier gehalten, die auch Einwirkungen aus Übersee in sich aufnahm. Bereits die Römer trieben Handel mit dieser Region.

Eine weitere Sonderregion ist Rajasthan im Norden. Es liegt sozusagen im toten Winkel zwischen der ersten und zweiten Teilregion des Nordens. Dort findet man heute, isoliert durch das weite Wüstengebiet, die alten Rajputen-Hauptstädte Udaipur, Jodhpur, Jaisalmer, Jaipur und die Enklave Ajmer, die von der Zentralmacht in Delhi beherrscht wurde und an einer wichtigen Durchgangsstraße lag.

In keiner dieser genannten Rand- und Zwischenregionen haben sich je wichtige Vormachtstellungen bilden können, aber sie waren oft von anderen Mächten umkämpft oder lieferten Schützenhilfe, wie etwa die Rajputen Rajasthans, die für die Großmogule zunächst ernstzunehmende Feinde und dann wichtige Bundesgenossen waren.

Diese Gliederung Indiens zeigt, daß es trotz seiner in den Umrissen so geschlossenen Form eines Subkontinents wesentlich mehr gefächert ist als etwa China, in dem sich die wichtigsten historischen Entwicklungen in wenigen großen Beckenlandschaften vollzogen, die als Standorte rivalisierender Dynastien geeignet waren, aber sich doch auch immer wieder von einer Zentralmacht erfassen ließen. Indien läßt sich eher mit Europa vergleichen, das ebenfalls vielfältig gegliedert ist und sich nicht von einer Zentralmacht beherrschen ließ. Die vielen Versuche mittelalterlicher deutscher Kaiser, ihre Herrschaft über Italien zu sichern, erinnern an ähnliche Versuche nordindischer Herrscher, das Hochland und den Süden in ihre Macht zu bekommen. Die Staaten der europäischen Westküste mit ihren überseeischen Verbindungen gemahnen an die indische Ostküste mit ihren Beziehungen zu Südostasien.

Die historische Regionalisierung Indiens, wie sie hier vorgenommen worden ist, geht davon aus, daß der Subkontinent von Mächten beherrscht wurde, die ihre Basis im Inneren des Landes hatten, während die maritime Peripherie nur von zweitrangiger Bedeutung war. Die britische Herrschaft drang dagegen von der Peripherie in das Innere des Landes vor. Die kolonialen Brückenköpfe an den Küsten, Kalkutta, Bombay und Madras, wurden zu den neuen Schwerpunkten der Herrschaft.

Die Städte im Innern des Landes wurden zu Provinzstädten, die hinter diesen neuen Schwerpunkten weit zurücktraten. Doch mit der Konsolidierung der britischen Herrschaft wurde auch diese nach den drei Großregionen gegliedert. So gab es zunächst eine Bengal Presidency mit der Hauptstadt Kalkutta, eine Bombay Presidency, die das ganze Hochland und freilich daneben auch noch Gujarat und Sindh umfaßte, und eine Madras Presidency, die die ganze Ostküste einschloß. Die direkte britische Herrschaft durchdrang jedoch nicht das ganze Land, viele Gebiete blieben unter einheimischen Fürsten. Es ist bezeichnend, daß dies zumeist Gebiete waren, die zwischen den drei Großregionen liegen und besonders auch in den Rand- und Zwischenzonen zu finden sind. So etwa die Fürstenstaaten Rajasthans, Gwalior, das in der Region Malwa liegt, Baroda in Gujarat, Haiderabad und Mysore am Rande des Hochlandes nahe der Ostküste und Travancore und Cochin in Kerala.

Die neuen indischen Bundesstaaten, die sich nach vielen Konflikten nach der Unabhängigkeit herausbildeten, folgen wiederum anderen Gesetzmäßigkeiten. Sie gehen auf Sprachprovinzen zurück, und ihre Grenzziehung richtet sich nach der Mehrheit der Sprecher einer Regionalsprache. Das war nie zuvor das Prinzip der Grenzziehung gewesen, da sehr oft fremde Dynastien über verschiedene Sprachgebiete herrschten. Marathenfürsten saßen auf den Thronen von Gwalior und Baroda im Norden und Tanjore im Süden. Kannada, die Sprache des heutigen Staates Karnataka (Hauptstadt Bangalore) wurde einst von Dynastien im Norden des Hochlandes gesprochen, als der Rashtrakuta-König Amoghavarsha sich als Dichter in dieser Sprache einen Namen machte, obwohl das Territorium der Rashtrakutas zum großen Teil in Maharashtra lag. Die heutigen Sprachgebiete sind nur annäherungsweise mit den Regionen und Teilregionen, die zuvor beschrieben worden sind, zu vergleichen. Die große Nordregion wird beherrscht vom Hindi, das jedoch mehrere regionale Varianten hat, so etwa Panjabi und Rajasthani in der ersten Teilregion, Khari Boli und Braj Basha in der zweiten, Avadhi in der dritten und Bhojpuri und Maithili in der vierten, in der auch noch das Bengali vertreten ist. Die erste und zweite Teilregion des Hochlandes gehören zum Marathi-Sprachgebiet, die dritte und vierte zum Kanada-Sprachgebiet. Die erste Teilregion der Ostküste ist Telugu-Sprachgebiet, die zweite, dritte und vierte gehören zum Tamil-Gebiet. Die Randregionen haben ebenfalls ihre eigenen Sprachen, Gujarati in Gujarat, Oriya in Orissa und Malayalam in Kerala.

Die Regionalisierung, die in diesem Kapitel als Orientierungshilfe angeboten worden ist und mit der der Subkontinent in dreimal vier Teilregionen zerlegt wurde, ist sicher grob wie jeder Raster, der über ein vielschichtiges Bild gelegt wird, um es vereinfacht abzubilden. Es sollte hiermit nur die Szenerie der historischen Ereignisse dargestellt werden, die im Folgenden näher zu schildern sind.

1.2. Die Periodisierung der indischen Geschichte

Die Periodisierung ist ebenso nur eine Orientierungshilfe wie die zuerst vorgenommene Regionalisierung. Auch sie bleibt willkürlich und kann durch zusammenfassendere oder detailliertere oder gar durch Einteilungen ganz anderer Art ersetzt werden. In der europäischen Geschichte sind wir es gewohnt, mit der Dreiteilung in alte, mittlere und neuere Geschichte zurechtzukommen und für differenziertere Betrachtungen Begriffe wie die des frühen oder späten Mittelalters oder der frühen Neuzeit zu prägen. In der indischen Geschichtsschreibung hat man sich ebenfalls an eine einfache Dreiteilung gewöhnt: die alte indische Geschichte, geprägt vom Hinduismus, die Zeit der islamischen Herrschaft und die der britischen Fremdherrschaft. Viele nationalistische Historiker befriedigte diese Einteilung auch deshalb, weil sie der goldenen Zeit der alten Geschichte die Epoche der Fremdherrschaft gegenübersetzen konnten, die bereits mit den islamischen Dynastien begann.

Hier soll eine andere Periodisierung gewählt werden, die der Vielfalt der indischen Geschichte gerecht zu werden versucht. Es

sollen zwölf Epochen skizziert werden, die den Ablauf der indischen Geschichte in Umrissen wiedergeben:
1. Die Vor- und Frühgeschichte, die nur durch archäologische Funde belegt ist und hier zu einer Periode zusammengefaßt werden soll, obwohl sie sich, wie im folgenden Kapitel gezeigt wird, noch weiter untergliedern läßt.
2. Die Epoche der Induskultur von Mohenjo Daro und Harappa, etwa 2250 bis 1750 v. Chr., die über fünf Jahrhunderte hinweg eine bemerkenswert stabile Struktur zeigte und die erste großräumige Bauernkultur Indiens gewesen ist.
3. Die Zeit der Einwanderung der Arier und ihrer Durchdringung der oberen Gangesebene, von ca. 1500 bis 500 v. Chr.
4. Das Zeitalter, in dem in der unteren Gangesebene durch die Kombination von Buddhismus, Reis und Eisen das Fundament des ersten indischen Großreiches entsteht, 500 v. Chr. bis 150 v. Chr.
5. Der Zerfall des Großreichs, die Entstehung vieler Regionalstaaten und der Einbruch neuer Eroberer aus dem Norden, 150 v. Chr. bis 300 n. Chr.
6. Die Blütezeit höfischer, hinduistischer Kultur, in der sich ein einheitlicher, feudalistischer Herrschaftstyp ausprägt, der für ganz Indien und darüber hinaus bis nach Südostasien verbindlich wird, 300—800 n. Chr.
7. Nach dem 9. Jahrhundert erstarrt diese höfische Kultur in der Wiederholung und Verfeinerung ihrer Formen. Daneben entstehen jedoch neue Strömungen volkstümlicher Religion und regionaler Sprache und Literatur, ca. 800 bis 1200 n. Chr.
8. Islamische Eroberer dringen von Norden ein und gründen nach einer Zeit sporadischer Einfälle das Sultanat Delhi, das die Regionen Nordwestindiens und der mittleren Gangesebene beherrscht. Diesem Sultanat des Nordens gesellen sich bald unabhängige Sultanate des Südens hinzu, während der äußerste Süden von der hinduistischen Großmacht Vijayanagar zusammengefaßt wird, ca. 1200—1550 n. Chr.

9. Die Mogul-Dynastie versucht ein zweites indisches Großreich zu errichten, das unter Akbar in seiner Ausdehnung und seinem universalen Herrschaftsanspruch dem Reich Ashoka gleichkommt, aber nach wenigen Generationen an inneren Spannungen zugrunde geht und von der erstarkenden Macht des Volkes der Marathen auf dem Hochland in die Schranken gefordert wird, ca. 1550—1750 n. Chr.
10. Die europäischen Mächte erscheinen an der maritimen Peripherie Indiens, und den Briten gelingt es schließlich, von dort aus das Land zu durchdringen und zum erstenmal eine einheitliche Zentralherrschaft über das ganze Land zu errichten, ca. 1750—1850 n. Chr.
11. Die konsolidierte Fremdherrschaft führt zur nationalistischen Reaktion, die schließlich in einer Freiheitsbewegung ihren Ausdruck findet, der die Kolonialherren wiederum mit Verfassungsreformen entgegenkommen, um die Basis ihrer Herrschaft zu verbreitern. Die Freiheitsbewegung kann die Machtübergabe nicht erzwingen, baut aber die politische Infrastruktur auf, die eine Herrschaftsübernahme ermöglicht. Im Rahmen dieser Entwicklung kommt es zu Spannungen zwischen Hindus und Muslims und schließlich zur Teilung Britisch-Indiens, 1850—1950 n. Chr.
12. Die unabhängige Republik Indien, belastet durch das Erbe der Teilung und geprägt durch die britische Verfassungs- und Verwaltungsstruktur, versucht sowohl weltpolitisch eigene Wege zu gehen als auch innenpolitisch mit demokratischen Mitteln große Probleme zu überwinden, die sich allein schon aus der Größe des Landes und der Zahl der immer weiter anwachsenden Bevölkerung ergeben.

In den folgenden Kapiteln soll versucht werden, zu schildern, was in den zwölf Perioden in den verschiedenen Regionen Indiens geschehen ist. Dabei sollen einige Perioden der älteren Geschichte jeweils in einem Kapitel zusammengefaßt werden. Das Hauptgewicht der Darstellung liegt auf dem Gebiet der neueren Geschichte, die früheren Perioden werden daher kürzer behandelt.

Ehe wir mit dieser Darstellung beginnen, wollen wir uns noch der Frage zuwenden, welches Verhältnis man denn in Indien selbst zur Geschichte des Landes gehabt hat. Indien ist oft der Vorwurf der Geschichtslosigkeit gemacht worden. Dabei wurde das weitgehende Fehlen einer Geschichtsschreibung meist mit dem Mangel an historischem Wandel überhaupt gleichgesetzt. Die Geschichtsschreibung war in der Tat eine literarische Gattung, die in Indien bis auf wenige Ausnahmen unbekannt war. Erst in der jüngsten Epoche westlich inspirierter indischer Geschichtsschreibung ist hier ein Wandel eingetreten. Vor allem der indische Nationalismus unter britischer Fremdherrschaft hat den Impuls zur Entdeckung und Deutung der Geschichte des Landes gegeben. Das Fehlen der Geschichtsschreibung ergab sich aus der indischen Weltanschauung, die Wiederkehr und Beständigkeit, nicht aber das Zeitgebundene und Unwiederholbare betonte. Es kam hinzu, daß das Schrifttum zumeist eine Angelegenheit der Brahmanen war, und ihre Schriften waren immer normativ. Viele Mißverständnisse sind dadurch entstanden, daß man ihre idealtypischen Darstellungen für Beschreibungen der Realität gehalten hat. Historische Informationen lassen sich diesem Schrifttum allenfalls indirekt abgewinnen, wenn man bedenkt, daß normative Äußerungen in einer historischen Situation einen Stellenwert haben, den man eventuell bestimmen kann. Der Ablauf der Geschichte wurde zyklisch und nicht teleologisch gesehen, dies entsprach auch der Lebenserfahrung einer Bauernkultur, in der der Verlauf der Jahreszeiten und die Folge der Generationen im immer wiederkehrenden Rhythmus empfunden wurden. Erst die islamischen Chronisten hatten einen gewissen historischen Sinn, doch kam es ihnen meist nur auf die Taten der Herrscher an, in deren Gunst sie sich befanden. So läßt denn die indische Literatur den Historiker weitgehend im Stich, anders ist es jedoch mit Inschriften, Münzen und Schenkungsurkunden, Tempelchroniken und Pilgerregistern, die unreflektierte Geschichte darstellen und von denen viele überhaupt erst als historische Quellen erschlossen werden müssen. Auf die Interpretation solcher Quellen durch indische und westliche Historiker stützt sich auch die Darstellung der indischen Geschichte in den folgenden Kapiteln.

Selbstverständlich gibt es im historischen Atlas Indiens noch sehr viele weiße Flecken. Wenn wir uns ein Ordnungsschema denken, in dem die zwölf Teilregionen und die zwölf Perioden insgesamt 144 Felder ergeben, so werden wir in viele dieser Felder nichts eintragen können, weil es an den nötigen Informationen fehlt. Auch dieser Tatbestand soll aber jeweils soweit wie möglich erwähnt werden, um die Lücken des Geschichtsbildes deutlich zu machen.

2. DIE ENTSTEHUNG DER INDISCHEN HOCHKULTUR

2.1. Die Epochen der Vorgeschichte

Der lange Weg, der über Jahrtausende zur Entstehung der indischen Hochkultur führte, ist in Dunkel gehüllt, das nur hier und da durch archäologische Funde erhellt wird. In den letzten Jahrzehnten sind auf diesem Gebiet wichtige Fortschritte gemacht worden, die hier berücksichtigt werden sollen.

Der Überblick über die Epochen der Vorgeschichte wird hier nur skizzenhaft in fünf Perioden gegliedert, die anschließende Epoche, die der Eisenzeit, die sich fast nahtlos an die Bronzezeit anfügt, ist bereits nicht mehr der Vorgeschichte zuzurechnen. Die fünf Perioden sind die folgenden:

1. Die ältere Steinzeit, gekennzeichnet durch grobe Steinäxte und Faustkeile, die sowohl im Norden als auch im Süden Indiens als Spuren früher Jäger und Sammler blieben, die noch keine feste Behausung kannten.
2. Die mittlere Steinzeit, in der verfeinerte Steinwerkzeuge zu finden sind, die bereits deutlich verschiedene regionale Charakteristika aufweisen und in größeren Werkstätten hergestellt wurden.
3. Die späte Steinzeit, von der große Funde von schmalen Steinklingen in allen Teilen Indiens zeugen und für die durch die Höhlenmalerei Anzeichen eines organisierten Gemeinschaftslebens (eventuell Stammesorganisation) gegeben sind.
4. Die Jungsteinzeit (Neolithikum), in der der Anbau von Getreide beginnt, der in der Indusregion zuerst um ca. 3500 v. Chr. nachgewiesen werden kann. In diesem Gebiet findet er sich zuerst in den Randzonen zwischen Bergland und Tiefland, da es wohl erst eines weiteren technischen und organi-

satorischen Fortschrittes bedurfte, um die Flußebene urbar zu machen. Für diese Zeit liegen auch schon Keramikfunde vor.
5. Die Bronzezeit, die noch viele jungsteinzeitliche Elemente hat, aber Funde von Bronze- und Kupferinstrumenten und -waffen aufweist und wahrscheinlich um ca. 3000 bis 2800 v. Chr. den Durchbruch zur Bebauung des großen Schwemmlandes sah, die die Vorbedingung für die Hochkultur von Harappa und Mohenjo-Daro war.

Die Ablösung einer Kulturstufe durch die andere brauchte jeweils geraume Zeit, selbst heute gibt es noch in den Rückzugsgebieten Indiens Jäger und Sammler, die weitgehend mit jungsteinzeitlichen Methoden arbeiten. Die Verdrängung der Jäger und Sammler durch eine seßhafte Bauernkultur hat Jahrtausende gedauert. Sie begann im dritten Jahrtausend vor Christus im Industal, sie wurde fortgesetzt von den Ariern, die das Gangestal hinunterzogen, in Südindien ist sie vermutlich verbunden mit einer Bevölkerung, die eisenzeitliche Megalithgräber errichtete und im ersten Jahrtausend vor Christus die südliche Region der Ostküste und des Hochlandes bis hin zum heutigen Nagpur mit einer handwerklich weitgehend uniformen Kultur überzog.

Wenn man eine Periodisierung der Geschichte Indiens vornimmt, so sollte man sich doch ständig daran erinnern, daß in vielen Regionen Phasenverschiebungen auftreten oder aber Phänomene, die man verschiedenen Perioden zuordnen möchte, auf lange Zeit ko-existieren. Ferner muß daran erinnert werden, daß eine solche Periodisierung sich in erster Linie auf Phänomene der politischen Herrschaft bezieht, während sich die Periodisierung der Vor- und Frühgeschichte selbstverständlich nur auf Zeugnisse der materiellen Kultur gründen kann. Würde man versuchen, diese Art der Periodisierung von der Vor- und Frühgeschichte auch auf die historischen Perioden zu übertragen, so ließen sich kaum noch zusätzliche Perioden verzeichnen, da die um ca. 300 v. Chr. gegebenen Umstände einer allgemeinen Verbreitung eisenzeitlicher seßhafter Bauernkultur sich in den nächsten 2000 Jahren kaum wandelten und das neue industrielle Zeitalter selbst unter der britischen Fremdherrschaft nur langsam hereinbrach, ja von der Kolonialmacht sogar noch hinausgezögert wurde. Würden alle anderen historischen Zeugnisse ausgelöscht, und hätten Archäologen einer späteren Zeit die Aufgabe, allein anhand der materiellen Kultur Aussagen über die indische Geschichte zu machen, ohne dabei den Stilwandel von Bauwerken und Skulpturen zu berücksichtigen, so kämen sie wohl auch zu dem Schluß, daß hier eine weitverbreitete seßhafte Bauernkultur mit über lange Zeit uniformen Erzeugnissen eine bemerkenswerte Stabilität bewiesen hat.

Das Hauptelement dieser stabilen Bauernkultur ist über die Jahrhunderte hinweg der kleinbäuerliche Familienbetrieb. Die Monsunlandwirtschaft eignet sich nicht für den Großbetrieb, indische Grundherren zogen es daher immer vor, den Mehrwert der Kleinbetriebe unter ihrer Jurisdiktion abzuschöpfen, anstatt selbst das Risiko einer großangelegten Bewirtschaftung zu übernehmen. Grundherrschaft war daher immer Teil der politischen Herrschaft. Diese Herrschaft war im Laufe der Zeit gewissen Stilwandlungen unterworfen, nicht aber ihre Basis, das Bauerntum.

2.2. Indien im Zeitalter der Induskultur

Die frühe Hochkultur des Industales ist das erste Beispiel einer großen, über weite Landstriche uniformen und über mehrere Jahrhunderte gleichbleibenden Bauernkultur in Indien. Sie gehört für uns jetzt noch in den Bereich der Vorgeschichte, da die Schrift der in reicher Menge gefundenen Siegel dieser Kultur trotz mancher Versuche noch nicht entziffert ist und wir daher allein auf die Interpretation der Zeugnisse der materiellen Kultur angewiesen sind. Die strukturelle Ähnlichkeit der etwa 600 km voneinander entfernten Metropolen Harappa und Mohenjo-Daro läßt auf eine politische Verbindung und auf Gemeinsamkeit des kulturellen und religiösen Lebens schließen.

Große öffentliche Bauten und Befestigungen lassen eine hierarchische Gliederung der Gesellschaft erwarten, eine Vielzahl kleiner zellenartiger Räume wurde als Arbeitersiedlung, manchmal auch vorschnell als Sklavenquartier gedeutet. Enge Handelsbeziehungen zu den alten Kulturen Mesopotamiens legen es nahe, hier Ähnlichkeiten zu sehen, aber gesicherte Aussagen lassen sich heute noch nicht machen.

Die Blüte dieser Hochkultur kam nicht plötzlich, sondern erwuchs langsam aus ähnlich strukturierten, aber kleineren Gemeinden am Rande der Flußlandschaft, die schon um 2600 v. Chr. gegründet worden waren. Selbst die Zentren der Hochkultur bergen in tieferen Schichten Elemente der Kultur ihrer Vorgänger, und die älteren Randsiedlungen wiederum sind in späteren Zeiten von Außenposten der Hochkultur überlagert worden. Man kann vermuten, daß es irgendwann um 2250 v. Chr. einer Macht gelang, das ganze Gebiet zu einigen, aufgrund der reichen Ressourcen des bezwungenen Schwemmlandes des großen Stroms zu beherrschen und den Einfluß der Metropolen am Fluß bis in die Randgebiete auszudehnen. Die technischen Mittel, die zur Bezwingung des Schwemmlandes führten, waren vor allem die der Drainage und Flutlenkung. Das kunstvolle Entwässerungssystem der Städte läßt darauf schließen, daß man sich auf dergleichen gut verstand. Die Bearbeitung des Schwemmlandes war mit einfachsten Mitteln möglich, da der Boden nur aufgeritzt und nicht umgepflügt zu werden brauchte. Wußte man nur mit dem Wasser umzugehen, so war der Rest leicht getan. Weizen, Gerste und Hülsenfrüchte wurden angebaut und dazu Sesam und Senf für die Ölerzeugung. Ferner wurde Baumwolle angebaut, der Fund eines Baumwollgewebstücks zeigt, daß man auch zu spinnen und zu weben wußte. Die Töpferkunst war ebenfalls hochentwickelt. Steinwerkzeuge und -klingen wurden neben solchen aus Bronze und Kupfer noch weiter verwendet. Die Toten wurden begraben, zumeist mit dem Kopf nach Norden liegend. Variationen im Ausbau und der Größe der Gräber und der Beigaben lassen auf Standesunterschiede schließen. Abbildungen von Göttern und

Symbolen zeigen eine Verwandtschaft des religiösen Lebens mit dem des späteren Hinduismus.

Verschiedene Schichten der Städte, die durch die Ausgrabungen entdeckt wurden, zeigen, daß die Kultur in den etwa fünf Jahrhunderten ihrer Blütezeit mehrfache Zerstörungen überlebt hat, zumindest eine davon verursacht durch eine große Flut. Unbeerdigte Leichen in den Straßen der obersten Schicht Mohenjo-Daros lassen auf ein gewaltsames Ende der Hochkultur schließen. Neuere Datierungen zeigen, daß die Kultur ca. 1750 v. Chr. zusammenbrach. Ob die von Norden eindringenden Arier sie zerstört haben, ist noch nicht erwiesen, obwohl es bereits oft behauptet worden ist. Eine Grabstätte in Harappa, die nach der Zerstörung dieser Kultur entstanden ist, enthält Urnenbegräbnisse zerlegter Skelette anstelle der liegenden Skelette in den früheren Gräbern. Die Urnen selbst zeigen ungewöhnliche Motive, die auf Einwanderer aus dem Nordwesten (Iran) schließen lassen, dabei aber auch alte Motive der Induskultur wiederholen. Es ist anzunehmen, daß hier um 1500 v. Chr. bereits eine neue Kultur entstanden war, die Elemente der alten Hochkultur mit der der Einwanderer verband.

Wie sahen nun die anderen Regionen Indiens zu jener Zeit aus? Hier ist die Information noch sehr lückenhaft. Im Norden, in Kashmir (Fundstelle Burzahom), lebten Zeitgenossen der Induskultur in einer Art von Unterständen in der Erde und führten ein Jäger- und Sammlerleben ohne jeden Kontakt mit der Hochkultur der Ebene. Im Süden lebten jungsteinzeitliche Siedler, die noch kein Metall benutzten und wohl auch noch nicht eine regelrechte Landwirtschaft betrieben, aber bereits Rinder, Schafe und Ziegen als Haustiere hielten. Zur Zeit, als die Induskultur zusammenbrach, tauchten hier im Süden zum erstenmal Kupfer und Bronze auf, es wurden bessere Hütten gebaut, die auf Seßhaftigkeit und vielleicht auch auf die Anfänge der bäuerlichen Landbestellung hindeuten. Nach 1400 vor Christus sind im Süden bereits Pferde und neuartige Bronzeschwerter nachgewiesen.

In den Randgebieten der alten Induskultur zeigen sich später noch Mischformen, die Elemente dieser Kultur mit provinziellen Charakteristika verbinden. Für die Zeit von ca. 1750 bis 1100 v. Chr. sind viele solcher Stätten der Folgezeit der Induskultur in den letzten Jahrzehnten entdeckt worden. Dieses Ausstrahlungsgebiet geht jedoch nicht weit über Gujarat im Südosten und Rajasthan und das obere Doab im Osten hinaus. Die mittlere Gangesebene ist für jene Zeit noch weitgehend terra incognita. Sie wird erst in der folgenden Periode zu einem Schauplatz der weiteren Entwicklung.

Der krasse Unterschied zwischen Indus- und Gangesebene in jener Zeit mag verwundern. Warum bot das Industal den Boden für eine blühende Hochkultur, während der Ganges allenfalls an seinem Oberlauf einigen Außenposten dieser Kultur Nahrung bot. Das verschiedene ökologische System der beiden Flüsse bietet hierfür eine Erklärung. Der Indus hat, gemessen am Ganges, einen kurzen Lauf in der Ebene, mit seinen vielen Nebenflüssen im Oberlauf überflutete er immer wieder weite Ebenen und bildete ein Schwemmland, das sich, ähnlich wie das des Nil oder des Euphrat, dazu eignet, mit verhältnismäßig primitiven Mitteln bewirtschaftet zu werden, sobald man nur die Technik der Drainage und Flutlenkung beherrscht. Umfangreiche Rodungen und Bodenverbesserungsarbeiten sind hierzu nicht erforderlich, auch eine einfache Bauernbevölkerung kann unter kompetenter zentraler Anleitung hier eine sehr ertragreiche Landwirtschaft betreiben. Der Ganges dagegen ist ein langer, ruhiger Strom, der in seinem Hauptlauf keine jährliche Schwemme verursacht, sondern nur gelegentlich über die Ufer tritt und damals wohl noch von großen Wäldern umsäumt war, die nur hier und da Lichtungen boten, in denen Ansatzpunkte zur Landwirtschaft gegeben waren. Roden und tiefes Pflügen waren hier für jede weitere Expansion erforderlich. So blieb der Ganges von der ersten Periode indischer Hochkultur unberührt. Erst in der zweiten Periode wurde die Gangesebene zum wichtigsten historischen Schauplatz.

2.3. Die Einwanderung der Arier und die Durchdringung der Gangesebene

Die Durchdringung der Gangesebene erforderte ein anderes Vorgehen als die zentral gelenkte Kultivierung des Industals. Die dezentralisierte Verteilung einzelner Pioniergruppen, die dem Flußlauf folgten und Lichtungen und Siedlungsplätze an den Ufern auskundschafteten, die genügend hoch über dem Fluß lagen, wurde den Eigenschaften dieser Region gerecht. Zu diesem Unternehmen eigneten sich die aus dem Norden in den Subkontinent eingedrungenen Arier, ursprünglich nomadisierende Rinderhirten, die Pferd und Kriegswagen mit sich führten und damit sowohl in ihrer Wirtschaftsweise als auch in der Kriegführung sehr beweglich waren.

Woher die Arier kamen und wer sie waren, ist immer noch eine offene Frage. Ihr Name — Arier — war nichts als ein unspezifisches Eigenlob, sie nannten sich selbst arya, die Edlen. Man nimmt an, daß sie ursprünglich im südlichen Zentralasien beheimatet waren und dort auch die Zähmung des Pferdes gelernt hatten, das dort um etwa 2000 v. Chr. bereits als Haus- und Kriegstier nachgewiesen ist. Ihr erster Brückenkopf in Indien war im nördlichen Panjab, und die Hymnen ihres ältesten heiligen Buches, des Rig-Veda, zeigen eine Ortskenntnis, die sich auf diese Gegend beschränkt, in der sie sich um 1500 v. Chr. niedergelassen hatten. Erst einige Jahrhunderte danach drangen sie nach Osten vor, und die späteren Veden reflektieren die neuen Ortskenntnisse, die bald die ganze mittlere Gangesebene umfaßten. Diese späteren Veden kennen auch bereits das Eisen, das erst um 1000 v. Chr. Verbreitung fand.

Die Arier waren nicht die ersten Siedler im Gangestal. Kupferhorte in ockergelben Tongefäßen, deren Formen sich zum Teil aus der Induskultur herleiten, wurden an vielen Stellen des Gangestals gefunden. Aber die Beherrschung des Eisens und die überlegene Kriegstechnik werden den Ariern überall bald die Vormacht verschafft haben. Sie nutzten diese Kenntnisse freilich auch zu dauernden Kämpfen untereinander.

In jener Zeit um ca. 1000—600 v. Chr., in der vermutlich die Arier die mittlere Gangesebene durchdrangen, breitete sich dort überall eine bemalte graue Keramik aus, die einen völlig neuen Stil zeigt und die man daher den Ariern zuschreibt, obwohl bisher keine eindeutige Beziehung zwischen den beiden Phänomenen der arischen Wanderung und dem Erscheinen dieser Keramik hergestellt werden konnte, weil sich die literarischen Zeugnisse dieser Kultur nicht mit den archäologischen Funden in Verbindung bringen lassen. Das Verbreitungsgebiet dieser Keramik reicht von der Indusregion bis zum Zusammenfluß von Ganges und Jamuna und deutet damit wahrscheinlich auch die Grenzen der arischen Expansion bis etwa 500 v. Chr. an. Diese Keramik wird dann plötzlich abgelöst von einer ganz neuen Art, der sogenannten nördlichen schwarzen polierten Keramik, die in verhältnismäßig kurzer Zeit in der ganzen nordindischen Ebene auftaucht und auch tief in den Süden vordringt. Mit der Bedeutung dieses neuen Phänomens werden wir uns noch im nächsten Kapitel beschäftigen.

Über das Leben der Arier in der nordindischen Ebene sind wir weit besser informiert als über das der Menschen der Induskultur. Das alte Epos Mahabharata gibt uns einen Einblick in ihre Sitten und Wertvorstellungen, und die sich an die Veden anschließenden Brahmana-Texte, die in diesen Jahrhunderten entstanden sind, enthalten viele Hinweise auf ihre politische Organisation. Diese bestand offensichtlich aus einer Vielzahl kleiner Königtümer, die sich zumeist gegenseitig befehdeten. Das Ritual des Pferdeopfers (ashvamedha), bei dem der König ein Pferd aussandte und sich anheischig machte, sich mit jedem im Kampf zu messen, der es aufzuhalten wagte, und erst dann zum Opfer schreiten durfte, wenn das Pferd ungestört seinen Ausflug beendet hatte, ist charakteristisch für jene Zeit, in der man nicht vom Begriff des Territoriums ausging, sondern von dem des unbeeinträchtigten Spielraums königlicher Macht. Die Dimensionen solcher Macht sind dabei auch angedeutet, denn die freien Wanderungen eines Pferdes konnten auch in längerer Frist keine allzu großen Entfernungen einschließen.

Es ist anzunehmen, daß im Laufe der Zeit dem König mehr und mehr Macht zuwuchs, während er zunächst in seinen Entscheidungen sehr an den Rat der Versammlung seiner Mannen gebunden war. Diese Ratsversammlung, die sabha, war von großer Bedeutung. Auftreten und Äußerungen in dieser sabha trugen wesentlich zum Ansehen eines Mannes bei. Neben dem Rat der sabha war es vor allem der der brahmanischen Priester, an deren Spitze der Purohit stand, auf den der König zu achten hatte. Ganz besonders abhängig von der Priesterschaft war er beim Vollzug der großen rituellen Opferhandlungen, die, wie wir schon beim ashvamedha gesehen haben, auch von politischer Bedeutung waren. Es ist sogar zu vermuten, daß König und Priester bei der Gestaltung der Opferhandlungen sich gegenseitig in ihren Stellungen zu bestätigen trachteten, wobei der König sein Machtmonopol, die Priester ihr Ritualmonopol festigten. Für die sich konsolidierende Priesterkaste der Brahmanen war diese Arbeitsteilung sehr nützlich. Sie traten nie in den direkten Konkurrenzkampf um die Herrschaft und trugen daher auch nicht das Risiko des Kriegers im Kampfe um die Macht, aber sie bestimmten die Regeln, nach denen die Macht auszuüben und darzustellen war, und waren daher für jeden, der nach Macht strebte oder sie erhalten wollte, unentbehrlich.

In der Spätzeit dieser arischen Gangeskultur entstand vermutlich jene Legende vom gerechten König Rama, der sich in der Verbannung in der Waldeseinsamkeit bewährt und den moralischen Konsensus der Volksmeinung zur Richtschnur seines Handelns macht. In dem großen Epos Ramayana hat diese Legende ihren Ausdruck gefunden. Zeigt uns das frühere große Epos Mahabharata noch den Kampf der Sippen gegeneinander, so entwirft das spätere Epos das Idealbild des Königs, dessen Aufgabe die Erhaltung von Macht und Eintracht ist und der dem allgemeinen Gesetz dient. Ramrajya, die Herrschaft Ramas, ist daher synonym geworden mit der Herrschaft der Gerechtigkeit in einem harmonischen Staatswesen, eine Idee, an die noch Gandhi anknüpfte und die über die Jahrhunderte zum anerkannten Vorbild von Herrschern im gesamten südlichen Asien wurde. Selbst der jetzige König von Thailand hat noch den dynastischen Titel Rama IX.

Das Königreich des legendären Rama war Ayodhya in der mittleren Gangesebene, das spätere Avadh oder Oudh. Rama, so berichtet das Epos, kämpfte gegen Ravanna, den König von Lanka, der seine Frau Sita geraubt hatte. Das bedeutet zugleich, daß den Ariern jener Zeit der Süden Indiens bereits bekannt war, von dem sie einige Jahrhunderte zuvor noch nichts wußten. Auch aus anderen Texten geht hervor, daß sich der Horizont der Arier wesentlich erweitert hatte. Panini, der große Grammatiker, der etwa um 600 v. Chr. lebte, erwähnt bereits Kalinga, das heutige Orissa, aber er scheint den Süden noch nicht zu kennen. Katyayana im vierten vorchristlichen Jahrhundert nennt bereits Kerala und das Land der Pandya und Chola, also den äußersten Süden Indiens. Irgendwann um jene wichtige Zeitenwende 500 v. Chr. muß also die wesentliche Horizonterweiterung stattgefunden haben, die zugleich die große Ausstrahlung der Gangeskultur und ihr Ende im bisherigen Rahmen bedeutet.

Wenden wir uns aber nun zunächst der Frage zu, welche Struktur die anderen Regionen in diesem Jahrtausend der nördlichen Gangeskultur aufweisen. Hier begegnet uns als bedeutendstes Phänomen die weitverbreitete eisenzeitliche Megalithkultur des Südens, die von Menschen getragen wurde, von denen bis jetzt nicht viel bekannt ist. Sie beerdigten die Knochen ihrer Toten in Urnengräbern, umgeben von großen Steinplatten, oder setzten sie in Steinkammern bei. Die Grabstätte war oft von einer eineinhalb bis zwei Meter hohen Umzäunung aus Steinplatten umgeben. Fast in allen Gräbern wurden eiserne Gegenstände und eine schwarz-rote Keramik gefunden. Die Kultur, von der diese Gräber zeugen, breitete sich offensichtlich von etwa 1000 bis 600 v. Chr. über ganz Südindien aus und umfaßte die Teilregionen zwei, drei und vier der Ostküste, sowie zwei, drei und vier des Hochlandes, also fast genau das gesamte dravidische Gebiet. Ob diese Kultur mit der der Arier zusammengestoßen ist und ob ihre Grenze sich durch eine solche

Konfrontation gebildet hat, bleibt noch offen. Es gibt Forscher, die dies behaupten, die Archäologen jedoch sind vorsichtig, und literarische Zeugnisse bietet uns der Süden jener Periode noch nicht. Einiges spricht für die Konfrontationstheorie: die Grenze zwischen den indoeuropäischen und den dravidischen Sprachen verläuft noch heute etwa dort, wo sich die Grenze jener Megalithkultur feststellen läßt. Während wir jedoch sowohl für die Megalithkultur des Südens als auch für die mit der bemalten grauen Keramik der Gangesebene verbundenen Kultur deutliche Grenzen feststellen können, bleibt die Kultur der Zwischenzone und die der ersten Region des Hochlandes für jene Zeit noch recht unbestimmbar. Auch hier tauchte das Eisen etwa um 1000 v. Chr. auf und fügte sich ohne deutlichen Übergang in eine frühere jungsteinzeitlich-bronzezeitliche Kultur ein. Welche Rolle Einwanderer aus dem Norden hier gespielt haben und ob sie an einer Konfrontation mit der südlichen Megalithkultur beteiligt waren, bleibt noch zu klären.

Eine terra incognita in dieser Zeit ist auch jene vierte Region des Nordens, Bihar und Bengalen, die in der nächsten Periode eine führende Stellung übernehmen sollte. Einige jungsteinzeitliche Funde und Spuren ähnlicher Kupferhorte, wie sie bereits zuvor für die Gangesebene erwähnt wurden, sind auch hier zu verzeichnen. Schwierig ist es jedoch, den Kontakt der Kultur der mittleren Gangesebene mit dieser Region zu rekonstruieren. Ob es hier zu Konfrontation oder Assimilation kam und wie sich der Übergang von den kleineren arischen Königtümern der mittleren Gangesebene zu den Großreichen von Magadha in Bihar ergab, ist noch weitgehend ungeklärt.

2.4. Der Aufstieg des ersten indischen Großreiches

Die Zeit um 500 v. Chr. ist eine bedeutende Zeitenwende in Indien. Nach den Ansätzen regionaler Hochkulturen stehen zum erstenmal fast alle Teilregionen des großen Subkontinents in Beziehung zueinander. Dies demonstriert ganz besonders die neue Keramik dieser Zeit, die nördliche schwarze polierte Keramik, die etwa um diese Zeit in der mittleren Gangesebene aufkommt und sich dann bald in ganz Indien verbreitet und überall auch mit Eisenfunden verbunden ist. Die Eisenzeit bricht jetzt erst recht eigentlich an. Nachdem das Eisen zuvor noch weitgehend in Begleitung von Kupfer- und Bronzeinstrumenten gefunden wird, prägt es jetzt erst das neue Zeitalter. Das Eisen ist sicher auch äußerst wichtig für die Urbarmachung der unteren Gangesebene, die sich bald in eine fruchtbare Reislandschaft verwandelt. Aber nicht nur diese Elemente der materiellen Kultur sind es, die die neue Zeit anzeigen, sondern auch neue religiöse Strömungen, Buddhismus und Jainismus, die jetzt entstehen. Man hat den Buddhismus oft als Reaktion auf die Überspitzung des brahmanischen Opferrituals gedeutet, das mag wohl wahr sein und trifft auf die Motive seines fürstlichen Gründers Gautama zu. Entscheidender für die neue Zeit war jedoch, daß der Buddhismus eine missionierende Ordensreligion war, die mit ihren Klöstern im ganzen Osten des Subkontinents eine Aufgabe übernahm, die man mit der des Bonifatius und der irischen Mönche in Mitteleuropa vergleichen kann. Der Orden (sangha) eignete sich weit besser zur zivilisatorischen Durchdringung des weiten östlichen Raumes als die an die Königshöfe der mittleren Gangesebene gebundenen Brahmanen. Buddhismus, Reis und Eisen waren die Elemente, aus denen das Großreich des Nordostens hervorgehen sollte, das sich zur Vormacht Indiens entwickelte.

Das Zentrum der neuen Machtentfaltung war Magadha, von wo aus bereits zu Lebzeiten Buddhas ehrgeizige Herrscher ihre Macht bis nach Benares im Westen und an die Grenzen Bengalens im Osten ausdehnten und der Hoffnung sein konnten, es dem zeitgenössischen persischen Großreich gleichzutun. Im 4. Jahrhundert v. Chr. wird Pataliputra (Patna) die Hauptstadt des sich ständig vergrößernden Reiches. Pataliputra liegt auf einem Hochufer des Ganges, geschützt vor den Fluten der Regenzeit, ähnlich wie auch die alten Städte der Rheinebene Worms und Speyer auf solchen Hochufern liegen, die nicht nur der Flut, sondern auch dem ungesunden Klima der tieferen Flußebene enthoben sind. In dieser neuen Hauptstadt residierte im 4. Jahrhundert v. Chr. die Dynastie der Nandas, die bereits ein großes Reich beherrschte, dessen Einfluß bis weit nach Südindien reichte. Zur Zeit als die Griechen im Nordwesten Indiens erschienen, wurde diese Dynastie von einem jungen Usurpator, Chandragupta Maurya, entthront, der selbst zum großen Herrscher jener Zeit wurde, dem Diadochen Seleukos Nikator erfolgreich entgegentrat und Magadha zur unumstrittenen Vormacht Nordindiens erhob. Die Berichte des Griechen Megasthenes, der damals als Gesandter in Pataliputra weilte, zeigen, daß der Staat Chandraguptas zentralistisch organisiert war und eine differenzierte Verwaltung besaß. Das dem brahmanischen Minister Chandraguptas, Kautilya, zugeschriebene Staatslehrbuch Arthashastra schildert diese Verwaltungsstruktur in allen Einzelheiten. Dieses Arthashastra ist oft für eine wirklichkeitsgetreue Beschreibung von Staat und Gesellschaft gehalten worden, es hat aber wie alle brahmanischen Schriften normativen Charakter und ist als Anweisung zur Gestaltung der Wirklichkeit, nicht aber als ihre Darstellung zu verstehen. Ferner ist der Text später vielfach ergänzt worden, so daß sich kaum eine authentische Version herstellen läßt. Doch es ist nicht zu bezweifeln, daß der Maurya-Staat in großem Maßstab verwaltete, den Reisbau ausdehnte, den Handel förderte, die Handelswege beherrschte und seine Münzen in weiten Umlauf setzte.

Die Mauryas waren Emporkömmlinge, im arischen Kastenschema rangierten sie auf unterster Stufe, und sie waren höchstwahrscheinlich keine Arier. Zwar hatten sie wohl brahmanische Berater wie den bereits erwähnten Kautilya, sie selbst neigten aber den neuen heterodoxen Religionen zu. Von Chandragupta erzählt die Legende, daß er im Alter seinen Thron aufgab und als Jaina-Mönch nach Süden zog, wo der Jainismus besonders im Kannada-Sprachgebiet eine große Blüte erlebte. Sein großer Enkel Ashoka wandte sich dem Buddhismus zu und machte ihn gegen Ende seiner Herrschaft praktisch zur Staatsreligion.

Ashoka war der Erhalter und Bewahrer eines großen Reiches,

das er im wesentlichen bereits als Erbe übernommen hatte. Er fühlte sich auch als Wahrer des Rechts und des Friedens und ließ überall in Indien Felsen- und Säulenedikte errichten, die seine Friedenspolitik verkündeten und nicht wie ähnliche Edikte der großen Herrscher Persiens nur dem Lobpreis des Herrschers und seiner Taten dienten. Ashoka verkündete eine allgemein verbindliche Ethik, die nicht unbedingt mit der des Buddhismus identisch war. War auch die Tendenz seiner Aussagen pazifistisch, so zögerte er doch nicht, Drohungen gegen Unbotmäßige in seine Edikte aufzunehmen und auf seine Macht hinzuweisen, die es ihm erlaubte, seine Forderungen durchzusetzen. Die weite Verbreitung der Edikte ist in der Tat erstaunlich, sie reicht im Nordwesten bis nach Kandahar im heutigen Afghanistan und im Süden bis in die vierte Teilregion des Hochlandes. Es wäre jedoch verfehlt, dies im territorialstaatlichen Sinne als Grenzmarkierungen anzusehen. Die Edikte sind Zeichen eines imperialen Einflusses und nicht einer modernen Territorialherrschaft, zwischen ihnen lagen weite Gebiete, die sich jeglicher Herrschaft entzogen. Es ist auffällig, daß fast ganz Mittelindien keine Edikte aufzuweisen scheint.

Der Glanz der Mauryadynastie und ganz besonders des Universalherrschers Ashoka hat bisher die Historiker so geblendet, daß man sich kaum darum bemüht hat, die Geschichte der verschiedenen Regionen Indiens zu jener Zeit genauer zu untersuchen. Freilich sind wir hier für die meisten Gebiete auf archäologisches Material angewiesen und können noch wenig über die politische Struktur aussagen. Auf dem Hochland beginnt etwa zur Zeit, als Ashoka stirbt (232 v. Chr.), das Satavahana-Reich. Die Satavahanas sind eine Andhra-Dynastie und kommen von der Ostküste, etablieren aber ihr Hauptquartier in der ersten Region des Hochlandes in der Nähe von Nasik, später in Paithan. Hier im nördlichen und mittleren Hochland, das wie gesagt auch keine Ashokaedikte aufweist, befand sich wohl eine Machtlücke des Großreiches. Wir werden uns mit der Satavahana-Dynastie, die über vier Jahrhunderte herrschte, noch in späteren Kapiteln beschäftigen.

Weiter im Süden sind schon zu dieser Zeit die Pandyas und Cholas bekannt, aber sie bleiben nicht mehr als Namen, die von zeitgenössischen Autoren des Nordens und in Ashokas Edikten erwähnt und auch in der viel späteren Tamilliteratur als legendäre Gestalten auftauchen. Ebenso bleiben der Westen und Nordwesten für diese Zeit noch kaum erkundet. Lediglich Taxila im äußersten Nordwesten, bekannt durch den griechischen Einfluß, steht deutlicher vor uns. Erst in der folgenden Periode wird die regionale Vielfalt Indiens wieder deutlich, als nach dem Zerfall des Maurya-Reiches viele kleinere Dynastien die historische Szene betreten.

Die Mauryadynastie hielt sich mit einigen unbedeutenden Vertretern noch etwa fünfzig Jahre nach Ashokas Tod. Sie wurde abgelöst von einem brahmanischen Usurpator, dem General Pushyamitra Sunga, der zum Gründer einer neuen Dynastie wurde, die das Großreich verlor und nur noch im Bereich des alten Magadha herrschte, das die Nandas und ihre Vorgänger in die Geschichte eingeführt hatten.

Das Reich der Maurya hatte jedoch die große Aufgabe erfüllt, eine überregionale kulturelle Einigung Indiens herbeizuführen. Auf dieser Grundlage entwickelte sich nun ein Herrschaftsstil, der den ganzen Subkontinent kennzeichnete und bald auch in Südostasien Eingang fand.

3. HINDUISTISCHER HERRSCHAFTSSTIL UND REGIONALKULTUR

3.1. Brahmanen und Epigonen: Der Hinduismus und die Vielfalt der Staaten

Der General Pushyamitra Sunga, der die Mauryadynastie entthronte, wandte sich auch gegen den buddhistischen Orden und gab den Brahmanen wieder die Stellung, die sie in den arischen Königtümern innehatten. Bald taten es viele Könige überall in Indien ihm nach und legitimierten ihre oft erst vor kurzer Zeit errungene Herrschaft durch die Pflege des Sanskrit und die Patronage der Brahmanen. Auf diese Weise verbreitete sich nach dem Auseinanderfallen des Großreiches in ganz Indien ein in den Grundzügen ähnlicher Hof- und Herrschaftsstil. Die heterodoxen Strömungen, Buddhismus und Jainismus, wurden wieder zurückgedrängt, brahmanische Orthodoxie galt als standesgemäß. Der buddhistische Orden litt darunter, daß er sich nach dem Verlust der Patronage des Großreiches nicht rasch umstellen konnte. Die Erhaltung der Klöster war kostspielig. Die brahmanische Orthodoxie ließ sich billiger unterhalten, schon wenige Brahmanenfamilien, die man mit kleinen Landschenkungen belohnte, genügten, um ein kleines Königreich kulturell zu versorgen. Viele Brahmanen machten sich auf den Weg und suchten und fanden ihre Patrone: Epigonen einer großen Tradition, die sich ernsthaft darum bemühten, zu erwerben und besitzen, was sie nicht unbedingt von ihren Vätern ererbt hatten. Die Brahmanen wurden auf diese Weise noch wichtiger, als sie es je zuvor gewesen waren. In den kleinen arischen Königtümern der Gangesebene standen sie noch in einem gemeinsamen Traditions- und Sprachzusammenhang mit König und Volk. Doch in die neuen Gebiete des Südens und Ostens, in die sie nun vordrangen, kamen sie als isolierte Kulturträger, die nur annäherungsweise die Gesellschaftsstruktur reproduzieren konnten, aus der ihre Vorfahren stammten, obwohl von ihnen erwartet wurde, daß sie den Ton angaben. Sie mußten interpretieren und improvisieren, so gut sie es konnten, und dabei doch vor sich selbst und anderen den Anschein strenger Orthodoxie aufrechterhalten, denn man verehrte sie als Wahrer und Mittler der Tradition und nicht um ihrer selbst willen.

Die Wanderung der Brahmanen in alle Regionen des Subkontinents führte zu einer Diffusion allgemein gültiger Ideen und Werte, aber zugleich auch zu einer Regionalisierung der Brahmanen, die schließlich viele regional endogame Gruppen bildeten. So reflektierten sie in ihrer eigenen Sozialstruktur die Vielfalt, die sie zu begründen und legitimieren halfen — im starken Kontrast zum buddhistischen Orden, der mit der Einheit der Lehre auch die überregionale Einheit und Gleichheit seiner Mitglieder betonte. Doch so wie die Brahmanen sich überall als Brahmanen empfanden, wenn sie sich auch regional aufspalteten, so sahen sich auch ihre vielen Patrone in allen Teilen Indiens als Herrscher nach altem Muster, ganz gleich, welcher Herkunft sie sein mochten. Die maßgebende Funktion der Brahmanen bezog sich nicht nur auf die epigonalen Dynastien im ehemaligen Großreich, sondern auch auf neue Eindringlinge aus dem Nordwesten, die in dieser Zeit nach Indien kamen und sich im Industal und darüber hinaus als Herrscher etablierten. Auch sie wurden nach und nach durch die Brahmanen legitimiert und fügten sich in die indische Herrschaftsvielfalt ein, die trotz aller regionaler Varianten doch sehr viele Gemeinsamkeiten aufwies.

Das interregionale Kräftespiel dieser Periode hatte vier Hauptakteure, die Sungas im Norden, die jedoch bald in den Hintergrund traten, Kalinga (Orissa) im Osten, das unter Kharavela wieder zu bedeutender Macht aufstieg, die Satavahanas auf dem Hochland und im Nordwesten die Sakas (Skythen), die von Zentralasien über Afghanisthan in das Industal eingefallen waren und bald ihre Herrschaft bis nach Gujarat ausdehnten und zeitweilig sogar die Satavahanas aus der nördlichen Region des Hochlandes verdrängten.

Die Satavahanas waren ursprünglich Andhras, hatten sich aber in Maharashtra etabliert, und von einem ihrer Könige ist überliefert, daß er Dichtungen in Maharashtri Prakrit, dem Vorläufer des heutigen Marathi, verfaßt hat (Hala, 20—24 n. Chr.). Die Dynastie versucht sich dem Muster der arischen Königreiche der Gangesebene anzupassen, und einer ihrer frühen Könige (Satakarni I, ca. 180 v. Chr.) soll zweimal das ashvamedha begangen haben, um Siege über die Sungas zu feiern. Seine Nachfolger mußten sich ab ca. 75 n. Chr. ständig mit den Sakas auseinandersetzen. Diese wiederum versuchten ebenfalls, Anschluß an die indische Tradition zu finden, und von einem ihrer Herrscher, Rudradaman, der den Satavahanas um 120 n. Chr. schwer zusetzte, stammt angeblich die erste korrekte Sanskritinschrift in jener Epoche und Region.

Nicht jeder der neuen Herrscher schloß sich aber der Sanskrit-Tradition der Brahmanen an. Der große Kushana-König Kanishka, der gegen Ende des ersten Jahrhunderts nach Christus ein Reich errichtete, das die beiden westlichen Regionen der nordindischen Ebene umschloß, war ein Schirmherr des Buddhismus, den er in seinem zentralasiatischen Herkunftsland kennengelernt hatte. Der Buddhismus war über den Nordwesten Indiens in Zentralasien eingedrungen und kam jetzt mit Kanishka von dorther zurück. Sein Volk, die Tocharer, wahrscheinlich verwandt mit den Ariern (chinesisch Yueh Tschih) war nach der Konsolidierung des chinesischen Reiches nach Süden abgedrängt worden. Sein Reich entsprach dem in der indischen Geschichte oft wiederholten Muster der Verbindung von Zentralasien und Nordwest-Indien. Im Rahmen dieses Reiches entwickelte sich auch die indo-griechische Gandhara-Kunst weiter, der wir die ersten Darstellungen des Buddha verdanken, der hier apollinisch interpretiert wurde. Gautama Buddha selbst hatte es untersagt, ihn darzustellen, so blieb es jener späteren griechisch-zentralasiatischen Mischkultur vorbehalten, sich über dieses Gebot hinwegzusetzen und die Form zu schaffen, die dann in Indien und darüber hinaus zur allgemein verbindlichen Darstellung des Erleuchteten wurde.

Die Griechen, die dieses Bildnis schufen, lebten in einem Gebiet, das seit dem Alexanderzug ständig mit Griechenland in Kontakt stand, unter den Mauryas von einem Vizekönig des Großreichs regiert wurde, aber nach dem Verfall dieses Reiches zum Ausgangspunkt kurzlebiger griechischer Reiche wurde, die sich bis in die zweite und dritte Region der nördlichen Ebene erstreckten, aber bald wieder verschwanden. Ähnliche, ja noch größere Ausdehnungen erreichte das Kushana-Reich Kanishkas, das aber fast ebenso kurzlebig war wie die ephemeren Griechenreiche auf indischem Boden.

Das Phänomen solcher kurz aufblühenden und rasch wieder verschwindenden Reiche läßt sich dadurch erklären, daß regionale Herrscher sich einem siegreichen Eroberer beugten, seine Oberherrschaft anerkannten, aber praktisch in ihrer Region in ihren Herrschaftsrechten kaum beschränkt wurden. Kam ein anderer Eroberer, so paßten sie sich den neuen Gegebenheiten an. Die Eroberer wiederum indisierten sich. Ein Beispiel hierfür ist der Kushana-König Vasudeva, der diesen Namen des Gottes Krishna trug, der für indische Ohren viel vertrauter klang als die seiner Vorgänger Kanishka und Huvishka.

Die Jahrhunderte vor und nach Christi Geburt waren wohl eine der turbulentesten Perioden der indischen Geschichte. In dieser Zeit wurde der Hinduismus als dynamischer Prozeß der Aufnahme und Bestätigung verschiedenster regionaler Traditionen geboren. Genau wie die Eroberer durch das Land zogen und sich regionale Herrscher unterwarfen, die nach Anerkennung der Oberhoheit weiterregierten, so hielten auch die in der Gangesebene ausgeprägten religiösen Vorstellungen ihren Siegeszug durch Indien, arrangierten sich mit den regionalen Traditionen, nahmen Anregungen von ihnen auf und bestätigten sie in ihrer Geltung. Auch dieser Hinduismus war ein Epigone der ursprünglichen Tradition, doch kein Epigone unschöpferischer Art, denn selbst Variationen über vorgegebene Themen verlangen einen schöpferischen Impuls, wenn sie gelingen sollen. Diese Impulse wurden in erster Linie von den Brahmanen gegeben, die über die Jahrtausende blieben, während die Eroberer vorüberzogen und keinen langen Atem hatten. Die Brahmanen wurden nicht müde, durch mythologische Synthese regionale Gottheiten und Traditionen mit ihren eigenen Überlieferungen zu verbinden. Durch Verwandtschafts- oder Identitätskonstruktionen wurden den Göttern ihre Plätze im Pantheon zugewiesen. Auch die Idee des avatar, des sich in jedem Weltalter in anderer Gestalt wieder manifestierenden Gottes, ermöglichte es, solche Zuordnungen vorzunehmen. So sind die zehn avatars des Gottes Vishnu, unter denen sich sowohl die Gestalten einer Schildkröte und eines Ebers als auch der gerechte König Rama, der volkstümliche Gottmensch Krishna und schließlich sogar Gautama Buddha befinden, ein gutes Beispiel für eine Mythendichtung, die totemähnliche Symbolfiguren und Heroen gleichermaßen umfaßt.

Genau wie die Götter sich solche Zuordnungen gefallen lassen mußten, so geschah es auch den Menschen, denen im Kastensystem ihr Platz angewiesen wurde. Dieses System war zunächst aus einer Art funktionalem Schichtungsmodell entstanden und enthielt nur vier Schichten (varna, wörtlich Farbe) Brahmanen, Kshatriyas (Krieger), Vaishyas (Kaufleute, Bauern etc.) und Shudras (Knechte, Arbeiter etc.). Es erstreckte sich dann auf eine Unzahl endogamer Gruppen (jati, wörtlich Rasse, Art), die wiederum mehr oder weniger willkürlich dem Varna-Schema zugeordnet wurden. Das Schema verlor bald den Bezug zu der ihm angeblich zugrundeliegenden Funktionalität. Der große Ashoka war kein Kshatriya, sondern ein Shudra, und der Usurpator Pushyamitra Sunga, der die Mauryadynastie ablöste, war ein Brahmane. Doch der Hang zur Einordnung und Zuordnung blieb bestehen. Gerade die Epigonen bemühten sich um Anerkennung ihres Kastenstatus, und auch der kleinste Herrscher versuchte, seine Kshatriya-Abstammung nachzuweisen und fand dafür immer auch einen Barden, der zumeist eine Genealogie bis zum König Rama rekonstruierte. Dem Herrscher wiederum stand es zu, den Kastenstatus seiner Untergebenen zu regeln, und er ließ sich dabei von seinen Brahmanen beraten. Die regionale Ausprägung des Kastensystems wurde daher von einer Reihe von Faktoren bestimmt: von dem Machtinteresse des Herrschers, von den Ambitionen verschiedener Gruppen in seinem Staat und nicht zuletzt von dem Einfallsreichtum der zuständigen Brahmanen, die das Zuordnungsschema entwarfen.

3.2. Die Verbreitung des höfischen Herrschaftsstils

Aus der Synthese regionaler und überregionaler Traditionen der Religion und des Königtums bildete sich allmählich ein Herrschaftsstil, der sich den jeweiligen Gegebenheiten anpaßte, aber doch in seinen Grundzügen allgemein verbindlich war. Dieser Herrschaftsstil war anpassungsfähig in zweierlei Hinsicht: er eignete sich zur Übertragung auf beliebige Regionen und konnte daher bis nach Südostasien ausstrahlen, er eignete sich ebenfalls zur Verknüpfung übergeordneter mit untergeordneten Herrschaftsschichten. Der Hof des kleinsten Vasallen wurde nach dem Vorbild des Kaisers oder Königs gestaltet. Zuordnung und Unterordnung war in diesem System jederzeit möglich, und verschiedene Herrscher konnten ihr Verhältnis zueinander in diesem Rahmen bestimmen. Änderten sich die Kräfteverhältnisse, so änderten sich auch die Loyalitäten. Ausgeprägte Treue- und Lehnsverhältnisse, wie wir sie beim europäischen Feudalismus finden, fehlen hier, aber sie wurden oft durch verwandtschaftliche oder quasi-verwandtschaftliche Beziehungen ersetzt. Vasallen wurden als Brüder oder Söhne bezeichnet. Aber die wesentliche Funktion feudaler Herrschaft, die Verbindung größerer Reiche mit regionalen und lokalen Machthabern, war auch hier zu erkennen. Die Anregung und Bestätigung, die regionale Machthaber auf diese Weise erhielten, bewirkte an vielen Orten eine große kulturelle Blüte. Viele berühmte Kunstwerke Indiens sind nicht im zentralen Herrschaftsbereich größerer Reiche entstanden, sondern von regionalen Herrschern gefördert worden. Tempel von eindrucksvoller Schönheit sind oft gerade in abgelegenen Gebieten erhalten geblieben und geben Zeugnis davon, daß ein hohes künstlerisches Niveau von vielen Herrschern gefördert wurde.

Nach den turbulenten Zeiten der vorherigen Periode zeigte diese Periode des 3. bis 8. Jahrhunderts bei aller Rivalität verschiedener regionaler Machthaber doch eine gewisse innere Stabilität, da außer den Hunnen keine bedeutenden Eroberer von außen nach Indien einfielen, sondern sich die Machtkämpfe hauptsächlich zwischen einheimischen Dynastien abspielten. Diese innere Stabilität trug wesentlich zur Ausprägung eines allgemeinverbindlichen höfischen Herrschaftsstils bei. Dem Wettstreit der regionalen Dynastien lagen überall dieselben Regeln zugrunde.

Die bedeutendste Macht der Epoche war die Gupta-Dynastie des Nordens, die die Nachfolge der Mauryas und Sungas angetreten hatte und wiederum die Ostregionen der Gangesebene zur Ausgangsbasis für die Errichtung eines Großreiches machen wollte. Dies gelang ihr jedoch nicht mehr in demselben Maße, denn regionale Herrscher im Süden, sowohl auf dem Hochland als an der Küste, konnten ihre Eigenständigkeit behaupten und gar selbst nach Norden vorstoßen und der Vormacht der Gangesebene drohen.

Der Süden trat in dieser Epoche zuerst deutlich in die indische Geschichte ein. Die dynastischen Namen der Cholas, Pandyas und Cheras der vorigen Periode sind noch in legendäres Dunkel gehüllt. Im 3.—6. Jahrhundert hatte dann eine noch geheimnisumwitterte Macht der Kalabhras weite Gebiete des Südens unterjocht und die Kontinuität dieser anderen Dynastien unterbrochen. Man könnte vermuten, daß die Macht aus dem südlichsten Hochland, dem heutigen Karnataka, kam und die heterodoxen Religionen Jainismus und Buddhismus protegierte, die in dieser Gegend einen besonderen Stützpunkt gefunden hatten. Im 4. Jahrhundert waren die Pallavas, vermutlich dem Ursprung nach eine nördliche Dynastie, im Süden erschienen und hatten in Tondaimandalam, dem Herzen der zweiten Ostküstenregion, ein neues Machtzentrum errichtet. Im nördlichen Hochland löste die Vakataka-Dynastie, von einem Brahmanen gegründet, die Satavahanas ab, die nur in der vorigen Periode dort geherrscht hatte, und im südlichen Hochland war die Kadamba-Dynastie, eine Brahmanenfamilie, mit der Hauptstadt Banavasi im dritten Schwerpunkt tonangebend.

Etwa um die Mitte des 6. Jahrhunderts veränderte sich die politische Landschaft des Südens wiederum. Die Kalabhras, von denen wir noch wenig wissen, scheinen endgültig überwunden zu sein. Die Pallavas in Tondaimandalam bauen ein mächtiges Reich auf, dessen kultureller Einfluß bis nach Südostasien reicht. Auf dem südlichen Hochland im dritten Schwerpunkt steigen die Chalukyas von Badami auf, die nicht nur die Kadambas ablösen, sondern weit in das nördliche Hochland vorstoßen, wo erst um 750 mit den Rashtrakutas zunächst von Ellora, dann von Malkhed eine Macht entsteht, die das Erbe der Satavahanas und Vakatakas wieder aufnimmt, nachdem die letzteren zuvor von den Chalukyas überwunden worden waren. Die Vakatakas hatten offensichtlich auch den Buddhismus begünstigt, einige der Höhlen von Ajanta gehen auf sie zurück.

Im Norden der Ostküste bildete sich in Vengi ein Machtzentrum unter einigen Dynastien, die sowohl den Pallavas im Süden als auch den Herrschern des Hochlandes trotzen konnten. Orissa blieb seit den Zeiten Kharavelas weiterhin eigenständig, wenn auch nicht so mächtig wie zu seiner Zeit.

Das erstaunlichste Ereignis des 8. Jahrhunderts war der rasche Aufstieg der Chalukyas von Badami, die unter den beiden großen Königen Pulakeshin I und Pulakeshin II ihre Kräfte mit allen Rivalen des indischen Raumes maßen. Sie nutzten den strategischen Vorteil des Hochlandes und versuchten zugleich, es den Pallavas von Kanchi kulturell gleichzutun: Wie bereits vorher einmal erwähnt, kämpfte Pulakeshin II sowohl gegen den Pallavaherrscher als auch gegen den großen König des Nordens, Harshavardhana, der das Erbe der Guptadynastie übernommen und in der mittleren Gangesebene noch einmal ein Großreich errichtet hatte.

Die Chalukyas wiederum wurden von den Rashtrakutas abgelöst, die mit dem Verfall des Reiches in der Gangesebene wagen durften, ein Großreich im nördlichen Hochland zu errichten. Sie schlugen ihre früheren Lehnsherrn, die Chalukyas, und brachten auch Vengi an der Ostküste unter ihre Botmäßigkeit. Die Verlagerung ihrer Hauptstadt von Ellora im ersten Schwerpunkt des Hochlandes, nach Malkhed, in den zweiten Schwerpunkt, entsprach dieser Entwicklung. Zwei große Könige symbolisieren diese zwei Epochen: Krishna I., der um 742 den berühmten Felsentempel Kailasnath in Ellora errichten ließ, und Amogavarsha I., der etwa achtzig Jahre später die neue Hauptstadt Malkhed gründete. Literatische Zeugnisse weisen Amogavarsha als Kannada-Autor aus. Auch andere Zeugnisse der weiten Verbreitung dieser Sprache an den Höfen jener Zeit (z. B. der Dichter Pampa aus Vengi) lassen darauf schließen, daß die dritte Hochlandregion damals einen führenden Einfluß auf das gesamte Hochland und die anliegenden Regionen der Ostküste gehabt hat. Wenn man ferner annimmt, daß die geheimnisvollen Kalabhras ebenfalls dieser Region entstammten, so könnte man sagen, daß Karnataka für diese Periode des 3.—8. Jahrhunderts und noch darüber hinaus eine erstaunliche Ausstrahlungskraft gehabt hat, die bis weit in das nördliche Hochland und in die südliche Region der Ostküste reichte.

Während der Einfluß Karnatakas sich nur innerhalb des Landes verbreitete, reichte der Einfluß des Tamil-Landes zu jener Zeit bereits über Indien hinaus. Die Pallava-Synthese von Sanskrit und regionaler Kultur wurde nach Südostasien exportiert, und die Schrift, die sich unter dieser Dynastie ausbildete, wurde das Grundmuster für die noch heute üblichen Schriften Kambodschas und Thailands. Aber nicht nur die Schrift, auch Religion und Staatsform jener Epochen wanderten dorthin und schufen jene vorbildhafte Hofkultur, die, gerade weil sie von oben herab kam, so leicht übertragen werden konnte.

Der inländische Imperialismus der Hochland-Dynastien und die Ausstrahlungskraft der Pallava-Synthese stehen in einem seltsamen Kontrast zueinander. Die Pallava, obskuren nördlichen Ursprungs, förderten das Sanskrit-Erbe und waren die Vorboten der allgemeinverbindlichen indischen Hofkultur im

Süden, die Hochland-Dynastien bewunderten und bekämpften die Pallava-Dynastie, deren Hausmacht in der fruchtbarsten Küstenregion sie niemals bezwingen konnten. Sie waren aber zugleich Vorkämpfer jener regionalen Kulturform, die in der nächsten Epoche zum Durchbruch kommen sollte. Es ist typisch für sie, daß ihre größten Herrscher, wie Amogavarsha, als Dichter in einer Regionalsprache hervortraten und sich nicht der Universalhofsprache des nun schon klassischen Sanskrit bedienten.

Im Norden hatte die Gupta-Dynastie diese klassische Sanskritkultur gefördert. Der berühmte Dichter Kalidasa wirkte am Gupta-Hof. Die Guptazeit gilt als die glanzvollste Epoche dieser höfischen Kultur. Die Regierungsjahre der großen Könige Samudragupta (340—380) und Chandragupta II (380—414) bezeichneten den Höhepunkt dieser Zeit. Ein Jahrhundert später zerschlugen die aus Zentralasien einfallenden Hunnen dieses Reich. Unter ihren Königen Toramana und Mihirakula entstand ein Reich, das wie das des Kanishka vier Jahrhunderte zuvor von der Nordwestregion bis in die mittlere Gangesebene reichte und ebenso kurzlebig war. Nach dem Erlöschen dieses Reiches blühten in den Teilregionen des Nordens neue Königreiche auf. In der Delhi-Region herrschte eine Dynastie, aus der der berühmte Harshavardhana hervorging, in der mittleren Gangesebene und in Magadha herrschten die Maukharis, und Bengalen bildete ebenfalls eine eigenständige Herrschaft aus. Die späten Guptas konsolidierten den Rest ihrer Herrschaft in der Zwischenregion Malwa. Unter Harshavardhana (606 bis 647), der durch Verwandtschaftsbeziehungen auch den Thron der Maukharis erlangte und sein Hauptquartier von der Delhi-Region nach Kanauj in die mittlere Gangesebene verlagerte, entstand vorübergehend noch einmal eine große Vormacht. Malwa und Bengalen verbanden sich gegen ihn, er besiegte sie und errichtete so seine Hegemonie über den ganzen Norden. Als er auch den Süden unterwerfen wollte, trat ihm der große Chalukya Pulakeshin II am nördlichen Rande des Hochlands entgegen, und so kam es zu einer klaren Abgrenzung der Machtsphären. In jeder der drei Großregionen herrschte eine bedeutende

Vormacht, Harsha mit dem Zentrum in der dritten Teilregion des Nordens, Pulakeshin in der dritten Teilregion des Hochlandes und der Pallava-König Narasinhavarman I, der Erbauer Mahabalipurams, in der zweiten Teilregion der Ostküste. Diese Ordnung war jedoch nicht von langer Dauer, denn nach dem Tode Harshavardhanas, mit dem seine Dynastie ausstarb, verfiel die Vormachtstellung Kanaujs, die vorübergehend an die späteren Guptas in Magadha überging und erst durch einen neuen König von Kanauj, Yashovarman wieder errichtet wurde, der aber seinerseits von dem großen Eroberer aus Kashmir, Lalitaditya, besiegt wurde. Lalitadityas Kriegszug durch die Ebene bis nach Bengalen blieb aber ein Zwischenspiel. Bengalen wurde von der neuen Pala-Dynastie geeinigt, während in der mittleren Gangesebene die Gurjara Pratiharas, eine Rajputendynastie, emporstieg. Im Süden wurden zur gleichen Zeit, wie wir gesehen haben, die Chalukyas durch die Rashtrakutas in ihrer Vormachtstellung abgelöst. Die Pallavas waren ebenfalls am Ende ihrer Macht und wurden bald von den wiederaufsteigenden Cholas überwunden. Das Ende dieser Periode zeigt ein Mächtedreieck: Die Pratiharas dringen von Westen, die Palas von Osten in die zum Machtvakuum gewordene mittlere Gangesebene vor, werden aber von den Rashtrakutas daran gehindert, die so zur Vormacht ganz Indiens werden.

Die Epoche lebhafter Rivalitäten ist zugleich die Zeit der indischen Kolonisierung Südostasiens. Diese Kolonisierung erfolgt aber nicht durch eine Ausdehnung indischer Herrschaft, sondern durch eine Übertragung von Herrschaftsstil, Schrift, Baukunst und religiöser Ideen sowohl des Hinduismus als auch des Buddhismus, der sich als missionierende Universalreligion weit verbreitete. Java, Sumatra, Vietnam und Kambodscha wurden zu Pflanzstätten von Königreichen, in denen wie in Indien jener Zeit Hinduismus und Buddhismus nebeneinander existierten. Viele dieser Länder Südostasiens gaben der übertragenen Kultur eine noch reichere materielle Grundlage als das Mutterland. Das fruchtbare Java und das große Mekongbecken in Kambodscha boten den Herrschern unerschöpfliche Quellen des Reichtums,

und so entstanden die größten Baudenkmäler indischen Stils in
diesen Gebieten und nicht im Mutterland. Die Kulturträger waren zumeist Brahmanen und Mönche, die an den Höfen einheimischer Herrscher Aufnahme fanden.

Die Übertragbarkeit des höfischen Stils deutet aber auch seine
Grenzen an. Im Mutterland und in Südostasien war er auf eine
kleine herrschende Schicht beschränkt. Die Bevölkerung nahm
nur am Rande an dieser höfischen Kultur teil. Es ist bezeichnend für diesen Umstand, daß im klassischen Sanskritdrama nur
die Männer reines Sanskrit, Frauen und Leute aus dem Volk
hingegen den volkstümlichen Dialekt der Zeit sprachen, ein literarisches Zeugnis für die elitäre Beschränkung dieser Kultur
einerseits und andererseits für die Vitalität volkstümlicher
Sprache, die sich dem Dichter aufdrängte.

3.3. Die Verfeinerung der Hofkultur und die Entwicklung regionaler Kulturen

In der nächsten Epoche machte sich eine Verfeinerung und
bald auch eine Erstarrung der hinduistischen Hofkultur bemerkbar. Die Entwicklung der Tempelskulptur zeigt dies sehr deutlich. Man vergleiche nur die großen, kühn gestalteten Skulpturen von Mahabalipuram (8. Jahrhundert) mit den elegant
dekorativen Skulpturen Khajurahos (10. Jahrhundert) oder den
von feinziselierten Ornamenten umgebenen Göttern und Tänzerinnen von Halebid und Belur (13. Jahrhundert). Auch
entsteht in dieser Periode eine Art von Hindu-Scholastik, beginnend mit dem berühmten Philosophen Shankara. Der Buddhismus, der in der vorigen Epoche noch an vielen Höfen Gönner
hatte, wird fast völlig aus Indien verdrängt. Das geschieht zum
einen durch die brahmanischen Scholastiker, zum anderen durch
erstarkende volkstümliche Religionsbewegungen, die übrigens
zugleich auch die Regionalsprachen als Ausdrucksmittel fördern,
so wie dies in einigen Regionen bereits zuvor durch Buddhismus
und Jainismus geschehen war.

Die Rivalität der Regionalmächte setzt sich in dieser Periode zunächst nach demselben Muster fort, das sich in der vorigen Periode herausgebildet hatte. Den Pratiharas gelingt es zu Anfang dieser Periode, unter dem berühmten König Bhoja von Kanauj ganz Nordindien unter ihre Botmäßigkeit zu bringen, die entscheidende Auseinandersetzung mit den Rashtrakutas wird damit unvermeidlich. Kanauj im Zentrum der nördlichen Ebene und Malkhed, das Zentrum des Hochlandes, liegen sich als feindliche Pole gegenüber. Der siegreiche Feldzug der Rashtrakutas nach Norden führt zum Zusammenbruch des Pratihararareiches, dessen Nachfolge die Rashtrakutas aber nicht antreten können, da ihr Schwerpunkt auf dem Hochland bleibt, von wo aus sie auch nach Süden gegen die wiederaufstrebenden Cholas zu Felde ziehen. Die Teilregionen Nordindiens fallen nun wieder verschiedenen kleineren Dynastien anheim, von denen keine die Vormacht erreicht. Im Osten erhalten sich die Palas weiter an der Macht, in der mittleren Gangesebene herrschen die Chandellas und Kalachuris, in Malwa die rajputischen Paramara, und im Nordwesten gewinnt bereits der Sultan von Ghazni (Afghanistan) Einfluß, der in mehreren Raubzügen tief in die nordindische Ebene und bis nach Gujarat vorstößt.

Im Süden gehen die Rashtrakutas nach ihren großen Siegen zugrunde und werden im 10. Jahrhundert wieder von ihren Vorgängern, den Chalukyas abgelöst, die nun Kalyani in der Nähe von Malkhed zu ihrer Hauptstadt machen. Ihre Macht ist aber nicht mehr so groß wie die der Rashtrakutas, und als ihr Reich am Ende der Periode zerfällt, kommen auch hier kleinere Dynastien in den anderen Teilregionen zum Zuge, während in der Mitte des Hochlandes vorübergehend ein Machtvakuum entsteht wie jenes, das der Niedergang der Pratiharas in der mittleren Gangesebene hinterließ.

Die naturgegebenen Erbfeinde der Chalukyas sind die Cholas, Nachfolger der Pallavas, die man als die bedeutendste indische Dynastie dieser Periode bezeichnen kann, da weder die Chalukyas, noch irgendeine der vielen zeitgenössischen Dynastien Nordindiens ihnen an Tatendrang und kultureller Leistung ebenbürtig sind. Die Chola-Kultur ist denn auch das deutlichste Beispiel für die Verfeinerung des höfischen Stils, der diese Periode kennzeichnet. Die berühmten Chola-Bronzefiguren sind von unvergleichlicher Feinheit und Eleganz, sie mögen hier als schönstes Zeugnis für den Stil dieser Epoche genannt sein. Zugleich waren die Cholas aber im Gegensatz zu ihren Vorgängern, den Pallavas, die das Sanskrit pflegten, Förderer der Regionalkultur und ihrer Sprache, des Tamil, dessen Literatur unter ihrer Herrschaft eine große Blüte erlebte. Den Höhepunkt ihrer Macht erlebten die Cholas im 11. Jahrhundert unter den beiden großen Königen Rajaraja und Rajendra. Rajendra hat wohl von allen indischen Herrschern die weitestgespannten Kriegszüge unternommen, denn er sandte seine Truppen bis an den Ganges und nannte seine neue Hauptstadt Gangaikondacholapuram (die Stadt des Chola, der den Ganges erobert hat) und sandte ein Expeditionskorps zu Schiff nach Sumatra, um das Reich Shrivijaya zu demütigen, dessen Seehandelsinteressen mit denen der Cholas in Konflikt geraten waren.

Die Cholas hatten ihren Schwerpunkt in der dritten Teilregion der Ostküste und nicht in der zweiten wie ihre Vorgänger, die Pallavas von Kanchi. Das reiche Kaveridelta war ihre wichtigste Basis, auch Ceylon stand unter ihrer Herrschaft. Ihre gefährlichsten Rivalen waren ihre südlichen Nachbarn, die Pandyas in der vierten Region, die sie sich zeitweilig unterwarfen, von denen sie aber schließlich in ihrer Vormachtstellung abgelöst wurden.

Gegen Ende dieser Periode nach dem Niedergang der Cholas und Chalukyas sah das regionale Kräfteverhältnis im Süden etwa so aus: In der nördlichsten Hochlandregion herrschten die Yadavas von Devagiri, die ihren Einfluß auch auf die zweite Region ausdehnten und Kalyani, die Chalukyahauptstadt, besetzten, östlich von ihnen waren die Kakatiyas von Warangal, die zugleich die Küste im Gebiet um Vengi beeinflußten. In der vierten Region des Hochlandes stieg die Hoysala-Dynastie empor, kulturell stark von ihren früheren Herren, den Cholas, geprägt, und in der vierten Küstenregion herrschten die Pandyas von Madurai. Die Zersplitterung des Nordens war bereits erwähnt worden. So gab es in keiner der drei Großregionen eine eindeutige Vormacht, ganz zu schweigen von einer Vormacht, wie sie einst die Guptas oder Harshavardhanas oder auch die Rashtrakutas für ganz Indien beansprucht hatten.

Die politische Zersplitterung begünstigte freilich auch die Entwicklung regionaler Kulturen durch den anregenden Einfluß vieler Hauptstädte mit ihrer provinziellen Patronage. Die regionale Kultur vermittelte zwischen der „großen Tradition" gesamtindischer Vorstellungen und der „kleinen Tradition" der lokalen, bäuerlichen Umwelt. Auf dieser regionalen Ebene prägte sich die verbindliche Synthese des Hinduismus aus. Der Kult regionaler Gottheiten zeigt dies besonders deutlich. So wurde die südindische Göttin Minakshi zur Zentralfigur des Pandya-Landes, und mit Parvati, der Gemahlin Shivas, identifiziert, wird noch heute jährlich in großer Prozession in Madurai, dem Ort des großen Minakshi-Tempels, ihre Hochzeit mit dem Gott gefeiert. Ihr Einfluß reicht bis nach Kerala, wo die Mutter des Maharajas von Travancore noch in diesem Jahrhundert offizielle Dokumente im Namen Minakshis zu unterzeichnen pflegte. Ein ähnliches Beispiel ist der berühmte Jagannath von Puri in Orissa, dessen großes Wagenfest, das seinen Zug vom Hinterland in die Tempelstadt darstellt und das (in der englischen Sprache 'juggernauth') sprichwörtlich für den alles zermalmenden Gang einer blinden, unerbittlichen Macht geworden ist. Die primitive hölzerne Figur des Gottes, der mit Vishnu als dem Herrn der Welt identifiziert wird, läßt auf seine Herkunft aus einer alten Stammesreligion schließen, die durch die Einbeziehung in den Hinduismus auf eine andere Ebene gehoben und zum wichtigen Element der regionalen Tradition Orissas geworden ist.

Bei der Herausbildung solcher regionaler Traditionen kamen Könige und Götter sich gegenseitig zu Hilfe. Könige widmeten sich bestimmten Kulten, um politische und religiöse Legitimation zu erlangen, und die Götter, die ihren Segen nicht verweigerten, nahmen durch diese Verehrung an Ruhm und Anziehungskraft zu. Ihre Pilgerscharen mehrten sich, das Einzugsgebiet ihres Kultes weitete sich aus. Diese Tendenz war natürlich schon in den vorigen Perioden der indischen Geschichte vorhanden, bildete sich aber in dieser Periode besonders aus und wirkte fort, selbst als weite Teile Indiens unter islamische Oberherrschaft gerieten.

4. DER EINBRUCH ISLAMISCHER HERRSCHER UND DER WIDERSTAND DES SÜDENS

4.1. Das Sultanat Delhi, die Sultanate des Südens und das Reich von Vijayanagar

Die politische Zersplitterung Indiens lud islamische Herrscher Afghanistans und Zentralasiens geradezu ein, zunächst in sporadischen Eroberungszügen ins Land zu fallen und schließlich eine permanente Herrschaft zu errichten. Sie kamen wie die Griechen, Kushanas und Hunnen zuvor, die große und kurzlebige Reiche in Nordindien errichtet hatten. Aber im Unterschied zu ihnen nahmen sie nicht die Religionen Indiens an, sondern hielten an ihrer Religion fest, und ihre Reiche waren nicht kurzlebig, sondern von langer Dauer. Zunächst wurde die Nordwestregion in ihre noch jenseits der Grenzen Indiens fundierte Macht einbezogen. Wer aber Indien beherrschen wollte, mußte die außerindische Machtbasis aufgeben und sich dafür entscheiden, in Indien selbst sein Hauptquartier zu errichten. Diese Entscheidung fiel mit der Errichtung des Sultanats von Delhi durch Kutb-ud-Din Aibak im Jahre 1206. Aibak war ein Sklave des Mohammed von Ghor, der im 12. Jahrhundert mehrfach in Nordindien eingefallen war und auf dem traditionellen Schlachtfeld im Gebiet Kurukshetra-Panipat nördlich von Delhi die Hindukönige des Nordens geschlagen, sich dann aber immer wieder nach Afghanistan zurückgezogen hatte. Er hatte Aibak zum Statthalter von Delhi eingesetzt, und dieser machte sich selbständig, als sein Herr in Afghanistan ermordet wurde. Es war charakteristisch, daß damit die erste dauerhafte islamische Macht auf indischem Boden von einer Sklavendynastie gegründet wurde, die die Verbindung zu ihren Oberherren in Afghanistan aufkündigte und auf diese Weise zwangsläufig für Indien optierte.

Das Sultanat Delhi erhielt sich über zwei Jahrhunderte unter verschiedenen Dynastien, die sich durch Mord und Usurpation ablösten. Sein strategisch günstiger Schwerpunkt in der zweiten Region des Nordens sicherte dem Sultanat die Vormacht des Nordens. Die Sultane bemühten sich aber auch bald darum, den Süden zu beherrschen. So wie Mohammed von Ghor von Afghanistan aus in die indische Ebene eingefallen war, sandten sie nun ihre Heerführer von Delhi aus in das Hochland und bis zur südlichen Ostküste. Die Sultane von Delhi übernahmen im wesentlichen die Strategie der früheren Hindu-Herrscher. Die Kavallerie, ausgerüstet mit teuren importierten Reitpferden, diente dem raschen Angriff, und die furchteinflößenden Kriegselefanten bildeten das Rückgrat der Streitmacht. In den besten Zeiten konnten die Sultane um 100 000 Pferde und einige Tausend Elefanten in die Schlacht senden. Ala-ud-Din Khilji und sein großer General Malik Kafur erreichten in den Jahren um 1300 die eindrucksvollsten Erfolge. Der Sultan schuf im Norden einen streng zentralistisch regierten Staat mit einem großen stehenden Heer, effizienter Steuererhebung und scharfen Preiskontrollen. Der General zog bis in den äußersten Süden und brachte reiche Beute mit. Die Hindu-Königreiche des nördlichen Hochlandes fielen seinem Ansturm zum Opfer. Am ersten betroffen war das Reich der Yadavas von Devagiri, das immer wieder von den Truppen des Nordens heimgesucht wurde, seinen Frieden mit dem Sultan machte und schließlich ausgelöscht wurde. Malik Kafur benutzte diesen Brückenkopf in der ersten Region des Hochlandes als Stützpunkt für seine Ausfälle gegen Warangal im Osten, das er 1310 endgültig unterwarf, und gegen die Hoysalas von Dorasamudra (Halebid) im Süden, die er nicht völlig unterjochen konnte.

Auf dieser Basis konnte die nächste Dynastie des Sultanats, die der Tughluks, ein Großreich errichten, das in diesen Ausmaßen weder vor noch nach ihnen je eine indische Macht erreicht hat. Ashokas Großreich zuvor sparte das Hochland weitgehend aus, und zu einer späteren Zeit hatte das Mogulreich sich zunächst mit unabhängigen Sultanaten des Südens und dann mit den Marathen auseinanderzusetzen. Die Regierungszeit des großen, aber zugleich maßlosen Sultans Mohammed Tughluk (1325 bis 1351) war daher der Gipfel islamischer Macht in ganz Indien. Aber das Reich war viel zu groß, als daß es sich von dem nun geradezu peripheren Delhi aus beherrschen ließ, und der Sultan zog daraus die Konsequenz, seine Hauptstadt in die erste Region des Hochlandes zu verlegen und in Daulatabad (Devagiri) auf einem steilen Felsen eine unangreifbare Zitadelle zu errichten, von der aus er Norden und Süden zugleich in den Griff zu bekommen gedachte.

Der Plan war wie so viele seiner Ideen eine kühne Utopie. Die mächtige Zitadelle erregt noch heute das Erstaunen des Betrachters, sie bleibt ein Zeugnis strategischer Phantasie. Der Sultan mußte sie 1329 wieder verlassen, weil er sonst den Norden verloren hätte, der nach wie vor das Fundament seiner Hausmacht war. Mit dieser Entscheidung war aber zugleich das Signal gegeben für die Errichtung unabhängiger Sultanate des Südens, die Delhi den Gehorsam aufkündigten, so wie seinerzeit Aibak in Delhi es Afghanistan gegenüber getan hatte.

Im Jahre 1347 gründete Ala-ud-Din Bahman Shah das Bahmani-Sultanat mit der Hauptstadt Gulbarga in der zweiten Region des Hochlandes, unweit der alten Hauptstädte Malkhed und Kalyani, und unterwarf sich bald auch die anliegenden Regionen. Damit wurde die alte Polarität zwischen der Vormacht des Nordens und dem Herrscher des Dekkan, wie sie uns aus der Zeit der Rashtrakutas schon bekannt ist, nun auch unter islamischen Vorzeichen wiederbelebt.

Fast gleichzeitig entstand eine Großmacht an der Grenze zwischen dem Hochland und dem Tiefland des Südens, das Hindureich von Vijayanagar. Es wurde gegründet von zwei Prinzen des von Malik Kafur ausgelöschten Reiches von Devagiri, Harihar und Bukka, die bereits eine abenteuerliche Karriere hinter sich hatten, die charakteristisch für die Wirren dieser Zeit war. Sie hatten zunächst im Dienst Warangals gestanden, bis auch dieses Reich fiel, waren dann nach Süden gezogen und hatten dem neuen Königreich Kampila gedient, das sich in einem Machtvakuum zwischen der Herrschaftssphäre des Sultanats und den Hoysalas von Dorasamudra am Oberlauf der Tungabhadra entfaltet hatte, waren in die Gefangenschaft des Sultans geraten, in Delhi zum Islam bekehrt und dann wieder nach Kampila entsandt worden, das inzwischen auch zur Provinz des Sultans geworden war und das sie nun gegen die Hoysalas verteidigen sollten. Sie taten dies auch mit einigem Erfolg, als sich dann aber das Kriegsglück des Sultans wendete und er nicht mehr in der Lage war, die Rebellionen seiner Gouverneure in verschiedenen Provinzen des Südens zu unterdrücken und der Hoysala Ballala III ungestraft Kriegszüge nach Norden und Süden unternahm, kündigten auch sie dem Sultan die Freundschaft, kehrten zum Hinduismus zurück und errichteten am Südufer der Tungabhadra die neue Hauptstadt Vijayanagar, in der sich Harihar 1336 zum König krönen ließ. Vijayanagar war eines jener Zentren, das seine Existenz einer besonderen Spannungskonstellation verdankt — so wie später Shivajis Puna. Es lag am Rande des dritten Schwerpunkts des Hochlandes in der Nähe des vierten Schwerpunkts, der unter der Hoysala-Dynastie besondere Bedeutung gewonnen hatte. Es war eine Grenzhauptstadt, die ihre Daseinsberechtigung aus dem Konflikt bezog und nicht umsonst das Zeichen der Willkür in ihrem Namen, Siegesstadt, trug. Mit der Bestimmung zu siegen lebte und starb diese Stadt.

In wenigen Jahren annektierte Harihar das Reich Ballalas III. und dehnte seinen Machtbereich von Küste zu Küste aus. Er war auch ein fähiger Administrator, der das Verwaltungssystem der Kakatiyas, das er wohl in seiner Dienstzeit in Warangal kennengelernt hatte, auf sein neues Reich anwendete und überall Brahmanen als Dorfschreiber einsetzte, wobei er wohl die Deshasta-Brahmanen Maharashtras bevorzugte, die noch heute in weiten Gebieten der Ostküste und des südlichen Hochlandes anzutreffen sind, weit entfernt von ihrem Ursprungsgebiet, dem desh, d. h. dem Hochlandgebiet Maharashtras.

Das neue Reich Vijayanagar wurde natürlich zum ständigen Rivalen des Bahmani-Sultanats, und die beiden Mächte lieferten sich dauernd Schlachten, viele davon im umkämpften Raichur Doab, dem Land zwischen Tungabhadra und Krishna. Die Hauptstädte der beiden Reiche, Gulbarga (seit 1429 das nur ein wenig weiter nördlich liegende Bidar) und Vijayanagar waren nur etwa 250 km voneinander entfernt, so daß die Konfrontation permanent war. Sie konnten sich um so ungestörter bekriegen, als das Sultanat Delhi rasch verfiel und schließlich durch den Einfall Timurs in Nordindien in den Jahren 1398/99 völlig zerstört wurde.

Der Eroberungszug Timurs aus Samarkand war seit der Gründung des Delhi-Sultanats vor nahezu zweihundert Jahren wieder der erste Einfall einer ausländischen Macht. Mit ihm begann eine neue Zeit der Zersplitterung und der Invasion, bis die afghanischen Lodis wie seinerzeit Aibak für Delhi optierten und dort ein neues Sultanat errichteten, das aber nicht im entferntesten an die Machtfülle des alten Sultanats heranreichte. Die Bahmani-Sultane des Hochlandes und im Osten das Sultanat von Jaunpur im heutigen Ost-Uttar Pradesh setzten der Macht dieses neuen Sultanats in Delhi ihre Grenzen. Das Sultanat Jaunpur fiel den Lodis schließlich 1479 anheim, aber das Bahmani-Sultanat erreichte gerade zu jener Zeit durch die Siegeszüge des großen Generals Mohammed Gawan um 1472 seine größte Ausdehnung. Ihm gelang es unter anderem, Vijayanagar seinen wichtigsten Hafen Goa zu nehmen. Nach dem Tode Gawans, der von Neidern ermordet wurde, zerfiel das Bahmani-Sultanat freilich bald in vier Provinzen, die sich aber weiterhin sowohl gegen die Lodis als auch gegen Vijayanagar behaupten konnten. Die Gliederung dieser vier Provinzen entsprach weitgehend der vorgegebenen strategischen Regionalisierung: Daulatabad im Nordwesten, Bijapur-Gulbarga im Südwesten, also die Regionen 1 und 2 des Hochlandes, und Telengana und Berar im Nord- und Süd-Osten. Diese Ostprovinzen wurden von zwei Machthabern regiert, die ursprünglich Brahmanen aus Vijayanagar waren und sich zum Islam bekehrt hatten, aber den

Machthabern der westlichen Provinzen, Muslims ausländischer Abstammung, feindlich gegenüberstanden. Die Spannungen führten schließlich zum Erlöschen des Bahmani-Sultanats und seiner Ablösung durch fünf Nachfolgedynastien, den Nizam Shahis von Ahmednagar im Norden, den Adil Shahis von Bijapur im Süden, den Qutb Shahis von Golconda (beim heutigen Haiderabad) den Barid Shahis von Bidar, dem Zentrum des Bahmani-Sultanats, und den Imad Shahis von Berar.

Das Reich von Vijayanagar hatte in dieser Zeit ebenfalls verschiedene Wandlungen erfahren. Die Dynastie des Reichsgründers Harihar war gegen Ende des 15. Jahrhunderts von einer kurzlebigen Usurpatoren-Dynastie abgelöst worden, die der Statthalter einer der Provinzen des Reiches gründete. Diese Dynastie wurde bald von einem weiteren Usurpator gestürzt, dessen Sohn Krishnadeva Raya (1509—29) als der größte König Vijayanagars gilt. Krishnadeva, der selbst ein Telugu-Dichter von Rang gewesen sein soll, war wohl auch der Förderer der Telugu-Krieger, deren Nachkommen noch heute bis tief im Süden des Tamil-Landes zu finden sind und das Rückgrat eines Militärfeudalismus bildeten, mit dem er sein großes Reich zusammenhielt. Er profitierte vom Verfall des Bahmani-Sultanats, eroberte das Raichur Doab, zog mehrmals gegen Bijapur, Gulbarga und Bidar zu Felde und unterwarf sich in Kriegen gegen die Herrscher Orissas, die bisher die Ostküste bis weit nach Süden beherrscht hatten, nahezu alle vier Teilregionen dieser Küste. Er war in jener Zeit der mächtigste Herrscher Indiens, denn auch im Norden fand sich kein ebenbürtiger Rivale. Sein Zeitgenosse Ibrahim Lodi war zudem durch einen neuen Feind aus dem Norden bedroht, den Mogul Babur, einen Abkömmling Timurs und Dschingis Khans, der 1525 von Afghanistan nach Indien einfiel.

Zur Zeit des Eintritts der Mogul-Dynastie in die Geschichte Indiens war also wieder einmal ein König des Südens der mächtigste Herrscher Indiens wie fünfhundert Jahre zuvor, als Mahmud von Ghazni den Auftakt zum islamischen Ansturm auf Indien gab und sein Zeitgenosse Rajendra Chola seine Flotte gegen Srivijaya sandte. Weder Rajendra und Mahmud noch Krishnadeva und Babur konnten ihre Kräfte miteinander messen, da allzu große Entfernungen und viele kleine Reiche zwischen ihnen lagen. Genau wie damals ging auch jetzt die Macht der südlichen Dynastie bald ihrem Ende entgegen. Die vereinte Macht der Nachfolgestaaten des Bahmani-Sultanats erwies sich für Vijayanagar als eine größere Bedrohung, als das alte Sultanat es je gewesen war. Nur 34 Jahre nach Krishnadevas Tod wurde das Heer von Vijayanagar bei Talikotla im Raichur Doab 1565 vernichtend geschlagen, während im Norden der junge Mogulkaiser Akbar begann, sein Großreich zu errichten.

Akbars Regime brachte für Indien, wie wir noch sehen werden, wesentliche Neuerungen, aber die Staaten, die unter den Sammelbegriffen Delhi und Vijayanagar mehrere Jahrhunderte bestanden und die politische Struktur des Landes geprägt hatten, waren auch schon nicht mehr mit den traditionellen Königreichen der früheren Zeit zu vergleichen. Nicht von ungefähr wurden diese beiden Reiche nach ihren Hauptstädten und nicht mit dynastischen Namen benannt. Die Tatsache, daß das eine Reich von islamischen Sultanen, das andere von mehreren Hindu-Dynastien regiert wurde, soll nicht darüber hinwegtäuschen, daß sich beide im Prinzip recht ähnlich waren. Es waren Militärfeudalstaaten, in denen sich eine Schicht von Eroberern zur Herrschaft über weite Gebiete aufschwang, deren frühere Selbstverwaltungsstruktur sie weitgehend vernichteten und durch ihr eigenes Klientelsystem ersetzten. In den früheren Hindu-Königreichen bestand zumeist eine Art von politischer und ritueller Interdependenz zwischen Machtzentren und weitgehend autonomen Regionen und Bevölkerungsgruppen. Das militärische Aufgebot wurde oft in Form einer Miliz gestellt. Damit war auch jeweils eine gewisse mittlere Reichweite solcher Staaten gegeben. Erst der neue Militärfeudalismus erlaubte eine umfassendere Organisation, die freilich auch anfälliger war und dort, wo sie erfolgreich war, mit dem Verlust lokaler und regionaler Eigenständigkeit bezahlt wurde. Man kann daher wohl sagen, daß dieses System, das sich im 13. und 14. Jahrhundert durchsetzte, den Boden für das Mogul-Regime und das ihm folgende britische Regime bereitete.

4.2 Das Mogulreich und der Aufstieg der Marathen

Das Reich Akbars ist das einzige indische Großreich, das sich in Idee und Anspruch mit dem Ashokas vergleichen läßt, und ähnlich wie Ashoka konnte Akbar bereits auf der von seinen unmittelbaren Vorfahren errungenen Machtstellung aufbauen und ein Universalreich anstreben. Auch war er im Unterschied zu seinem Vater und Großvater, die sich nur vorübergehend auf indischem Boden aufgehalten hatten, ein indischer Herrscher, verschwägert mit den Rajputenfürsten und an der friedlichen Koexistenz von Hindus und Muslims interessiert, die er mit einer von ihm konzipierten Religion, der Din-il-Ilahi (Gottesglaube) zusammenführen wollte.

Babur herrschte seit 1504 in Kabul und hatte sich die indische Ebene in raschen Eroberungszügen unterworfen und das Sultanat der Lodis zerstört, sein Sohn Humayun, der Vater Akbars, versuchte, die Herrschaft über Nordindien zu konsolidieren, verlor aber sein Reich an den Afghanen Sher Shah und nahm beim König von Persien Zuflucht. Sher Shah war ein kühner Krieger und großer Administrator, der der Zentralgewalt Delhis in ganz Nordindien Geltung verschaffte und ein Grundsteuersystem aufbaute, von dem später noch die Mogulkaiser zehrten. Sein Reich brach unter seinem Nachfolger zusammen, und Humayun drang wieder in Indien ein, starb aber 1554, kurz nachdem er die Mogulmacht dort wieder errichtet hatte. Akbar war noch minderjährig beim Tode des Vaters und sollte nahezu ein halbes Jahrhundert über Indien herrschen, eine Glanzzeit indisch-islamischer Kultur, in der sich ein Herrschaftsstil ausbildete, der an prägender Wirkung dem höfischen Stil der Hindukönige der vorigen Jahrhunderte gleichkam. Die Sultanate des Südens, die stark von der persischen Hofkultur beeinflußt waren, hatten ebenfalls an der Ausprägung dieses

Stils teilgehabt, aber erst das Reich Akbars verlieh ihm universelle Geltung, so daß auch Hindu-Herrscher sich diesen Stil zu eigen machten.

Es war aber nicht nur der weitgehend aus Persien übernommene höfische Stil und die Hervorhebung des dynastischen Charismas, die es den Großmogulen ermöglichte, ihre Macht zu erhalten und zu mehren. Eine Reihe von politischen, wirtschaftlichen und strategischen Faktoren trug dazu bei, ihre Stellung zu stärken. Akbars Größe bestand nicht zuletzt darin, diese Faktoren zu nutzen und zu einem System zu verbinden. Am wichtigsten war dabei wohl, daß er es verstand, den zuvor meist recht willkürlich gehandhabten Militärfeudalismus in ein rationales Schema zu bringen. Allen Angehörigen der herrschenden Schicht wurden zahlenmäßig klassifizierte Ränge zugewiesen, die sowohl ihren Dienstgrad als auch ihr Gehalt regelten und dann mit einer weiteren Zahl verbunden wurden, die das von ihnen zu stellende Kavallerieaufgebot nannte. Das Schema wurde mansab genannt, der in das Schema eingeordnete Beamte oder Offizier hieß mansabdar. Sein Gehalt wurde ihm zumeist in Form des Grundsteueraufkommens eines bestimmten Gebiets, jagir, zugewiesen, das er als jagirdar jedoch nur solange verwaltete, als sein Rang dem betreffenden Steueraufkommen entsprach. Bei einer Beförderung wechselte auch das Gebiet. Damit wurde eine allgemein verbindliche Ordnung geschaffen und zugleich die Bildung von Hausmacht unterbunden. Ernennung und Beförderung der mansabdars lag in den Händen des Kaisers. Willkür und Günstlingswirtschaft waren daher zu erwarten, doch Untersuchungen über die Zusammensetzung der herrschenden Schicht haben ergeben, daß sich diese trotz des Fehlens eines Erbanspruchs einer großen Stabilität erfreute. Selbst die bei jedem Thronwechsel fälligen Kämpfe der Thronprätendenten erschütterten die Stabilität dieser Schicht nicht, sondern bedrohten lediglich die Mogulprinzen, die selbst als Prätendenten in Frage kamen.

Neben der Kontinuität der herrschenden Schicht waren es vor allem die weitgehende Monetisierung des Reiches und die Stabilität der von den Großmogulen eingeführten Silberrupie, die das Regime stützten, weil sie die Erhebung der Grundsteuer und den interregionalen Handel erleichterten. Das Silber strömte aus den Bergwerken Amerikas über Europa nach Indien und ermöglichte die weite Zirkulation der neuen Währung.

Ein weiterer Faktor war die strategische Überlegenheit, die sich aus der Nutzung der Feuerwaffen, der Muskete und der Kanone, ergaben. Die traditionelle Strategie indischer Heere ist uns durch das von einem Inder erfundene Schachspiel bekannt. Dieses Spiel ist ein getreuliches Abbild der Situation auf einem indischen Schlachtfeld. Geschützt durch die Phalanx des schwerfälligen und nicht sehr schlagkräftigen Fußvolkes entfalten die verschiedenen Spezialtruppen ihre besonderen Fähigkeiten. Die Kavallerie (Springer) kann durch wendige Flankenbewegungen den Feind überraschen, ähnlich werden die Kamele (Läufer) eingesetzt. Die mit Bogenschützen besetzten Elefanten (Türme) können taktische Rückendeckung geben und gegebenenfalls ganze Fronten aufrollen, brauchen aber Flankenschutz durch andere Einheiten. Der General (Dame) verbindet in seiner Person die Einsatzmöglichkeiten mehrerer Einheiten. Der König ist eine schutzbedürftige Symbolfigur, die ständig abgeschirmt werden muß, weil sein Tod oder seine Gefangennahme die Schlacht entscheidet, selbst wenn die Truppen noch unbesiegt im Felde stehen. Der Einsatz von Feuerwaffen macht diese traditionelle Strategie zunichte. Eine Salve zerstreut das Fußvolk oder mäht die Kavallerie nieder, ein paar wohlgezielte Schüsse bringen die Elefanten zur Strecke. Doch ganz soweit war es zur Mogulzeit noch nicht. Die großen Schlachten folgten zumeist noch dem alten Schema, denn es fehlte an einer beweglichen Feldartillerie und an einer mit geeigneten Handfeuerwaffen ausgerüsteten Infanterie. Aber die Verteidigung von Festungen und Städten wurde durch die neue Technik in ganz anderem Maße möglich als je zuvor, und die herrschende Schicht des Mogulreiches lebte zumeist in den Städten, die in ganz Nordindien in dieser Zeit aufblühten und erst unter britischer Herrschaft wieder verfielen.

Neuerungen dieser Art kannten natürlich keine Grenzen und wurden bald auch im Süden Indiens genutzt.

Die Sultanate des Südens leisteten auch Akbar weiterhin Widerstand, und die Grenze seines Reiches, das im Nordwesten Afghanistan umfaßte und im Osten Bengalen, reichte im Süden nur bis zu einer Linie, die sich etwa in der Höhe von Bombay von Küste zu Küste erstreckte. Die beiden bedeutendsten Muslim-Staaten des Südens dieser Periode waren die von Bijapur und Golkonda. Bijapur liegt nur etwa 50 km nördlich von der alten Chalukya-Hauptstadt Badami und damit im dritten Schwerpunkt des Hochlandes, Golkonda bei Haiderabad war nicht fern vom zweiten Schwerpunkt des Hochlandes, das Reich umfaßte aber auch noch die erste Region der Ostküste mit den fruchtbaren Delta-Niederungen der Flüsse Godaveri und Krishna. Südlich von diesen beiden großen Muslim-Staaten in der zweiten, dritten und vierten Küstenregion hielten sich eine Reihe kleinerer Hindu-Staaten, gegründet von früheren Vasallen und Statthaltern Vijayanagars. Von diesen Kleinstaaten ging aber kein ernstzunehmender Widerstand gegen die islamischen Herrscher mehr aus. Er begann erst später Gestalt anzunehmen, als die Marathen auf dem Hochland die islamische Herrschaft in Frage stellten. Dies geschah aber erst unter Akbars Nachfolgern Jahangir (1608—1627) und Shah Jahan (1627—58), die sich weitgehend der friedlichen Konsolidierung des ererbten Reiches und der Förderung der Künste widmeten. Das berühmte Taj Mahal, Grabmal der Gemahlin Shah Jahans, zeugt von dieser kulturellen Blütezeit.

Zur selben Zeit erreichte auch Bijapur den Höhepunkt seiner Macht. Gol Gumbaz, der größte Kuppelbau der Welt, errichtet von Muhammed Adil Shah (1627—1656), dem Zeitgenossen Shah Jahans, überragt noch heute die kleine Kreisstadt Bijapur und zeugt von ihrer vergangenen Größe als Hauptstadt eines mächtigen Reiches. Muhammed Adil Shah mußte sich nach langen kriegerischen Auseinandersetzungen schließlich dem Großmogul beugen, aber der Frieden, den beide 1636 schlossen, gab dem Dekkan-Reich noch einmal Macht und Blüte zurück, die fast schon dahingerafft waren. Bei diesem Friedensschluß, bei dem auch das Sultanat von Ahmednagar zwischen dem Mogul und dem Adil Shah geteilt wurde, trat ein Mann in die Dienste Bijapurs, der zuvor noch Ahmednagar zu verteidigen versucht hatte: Shahji, der Vater des 1627 geborenen Shivaji, der zum Führer der Marathen werden sollte.

Shivaji baute sich in den Jahren nach 1646 eine Hausmacht im Gebiet von Puna auf. Diese Gegend ist eine der höchsten des Hochlandes, hart und unwegsam mit vielen schwer zugänglichen Felsenplateaus, die wie natürliche Festungen aus der Hochebene herausragen. Das Gebiet gehörte nicht zu einem der üblichen Schwerpunkte, es lag auf halbem Wege zwischen dem ersten und dem dritten Schwerpunkt des Hochlandes und fast ebensoweit entfernt vom zweiten. Das war sein bedeutendster strategischer Vorteil. Sonst bot es kaum eine Grundlage für eine Staatsmacht, da ihm alle anderen natürlichen Voraussetzungen fehlten. Von hier aus konnte man sich allein durch Raubzüge in reichere Nachbargebiete erhalten, gegen deren Vergeltungsschläge man sich dann leicht in den Felsenfestungen sichern konnte. Diese Not machte Shivaji zur Tugend. Bald wurde er so gefährlich für seine Nachbarn, daß sie sich ernsthaft darum bemühten, ihn auszuschalten. Aber seine sagenhafte Tollkühnheit ermöglichte es ihm, auch scheinbar auswegslose Situationen zu meistern. Es war, als habe er den Spruch gekannt „In Gefahr und größter Not führt der Mittelweg zum Tod", denn er wählte nie den Mittelweg, sondern setzte alles aufs Spiel, so als er den General der Armee Bijapurs, die gegen ihn angetreten war, mit Tigerkrallen umarmte und ermordete, oder als er in den Harem des Vizekönigs der Mogulkaiser eindrang und ihn dort verwundete oder sich in einem Obstkorb aus Delhi herausschmuggeln ließ, um aus der Höhle des Löwen zu entkommen, in die er sich begeben hatte. Der Stil dieses Mannes schien mit keinem der bereits bekannten Herrschaftsstile vergleichbar zu sein, doch als er sich 1674 zeremoniell zum König krönen ließ, wählte er das alte Ritual der Hindu-Könige. Manches an seinem unerwarteten Aufstieg gemahnt an Harihar, den Gründer des Reiches von

Vijayanagar, doch Gefahr und Not standen Shivaji Zeit seines Lebens sehr viel näher, und er war daher um so weiter entfernt vom goldenen Mittelweg traditioneller Reichsgründungen. Sein Volk hat ihn später oft zum Verteidiger der Hindus gegen die islamische Herrschaft emporstilisieren wollen, und sicher hat er sich selbst vielleicht gern in dieser Rolle gesehen. Aber er konnte dies nicht sein, ohne zugleich seine Hausmacht zu festigen, und so galt sein letzter großer Kriegszug nicht dem Kampf gegen seinen großen Widersacher Aurangzeb, sondern der Erwerbung der von seinem Bruder besetzten Lehen seines Vaters in Südindien, ein Zug, den er dazu noch mit der Unterstützung des Sultans von Golkonda unternahm, wie er es überhaupt nie verschmäht hatte, die Bundesgenossen zu nehmen, wo er sie finden konnte.

Aurangzeb, der letzte der großen Mogulkaiser, gemahnt an Muhammed Tughluk und erreichte auch nahezu dieselbe ungeheure Ausdehnung des islamischen Reiches in Indien. Wie Muhammed Tughluk versuchte auch er, den Süden unter seine Botmäßigkeit zu zwingen, und genau wie er verlegte er schließlich seine Hauptstadt in die erste Region des Hochlandes. Der Besucher, der Tughluks Festung in Daulatabad bestaunt hat, kann noch am selben Tage im nahen Aurangabad am Grabe Aurangzebs stehen, das unter offenem Himmel, von keinem Mausoleum überwölbt, die puritanische Strenge dieses Mannes im Leben so auch im Tode symbolisiert.

Aurangzeb war schon in seiner Jugend als Vizekönig des Hochlandes mit dem Problem konfrontiert worden, das Muhammed Tughluk erst auf der Höhe seiner Macht erkannte. Er hatte den Widerstand der unabhängigen Sultanate des Südens gebrochen, hatte Golkonda zu seiner Residenz gemacht und wenige Jahre später vor Kandahar das Mogulreich im äußersten Nordwesten verteidigt. Er hatte seinen Bruder Dara Shiko, einen Mann im Sinne Akbars, der die heiligen Schriften der Hindus ins Persische übersetzt hatte, von der Thronfolge ausgeschaltet, und er mußte gegen Ende seiner Zeit erleben, daß sein eigener aufständischer Sohn sich zu Shivajis Sohn Sambhaji flüchtete, den er dann zu Tode foltern ließ, weil Sambhaji es ablehnte, zum Islam überzutreten. Und er hatte diese letzten Jahrzehnte im Hochland verbracht und sein Reich im Norden aufs Spiel gesetzt, weil er auch nicht an den Mittelweg glaubte und sich stets der größten Bedrohung zu stellen suchte, die er dort im Süden sah.

Bei der Verfolgung seiner ehrgeizigen Ziele hatte Aurangzeb die Ressourcen seines Reiches bis zur Erschöpfung genutzt. Besonders schwerwiegend war es, daß er das sorgfältig ausbalancierte Mansabdar-System Akbars durch die Ernennung einer großen Zahl von Muslims und Marathas des Hochlandes völlig aus dem Gleichgewicht brachte. Die auf diese Weise kooptierte herrschende Schicht rückte dabei übrigens in unverhältnismäßig großer Zahl in die obersten Ränge der Mansabdar-Hierarchie ein, wobei die Gebiete, die dem Reich durch Aurangzeb hinzugefügt wurden, mit ihrem Steueraufkommen keinesfalls einen entsprechenden Zuwachs garantierten.

Ein Vergleich der Besetzung der höheren Mansabdar-Ränge in der Zeit von 1658—1678 mit der von 1679—1707 macht dies deutlich. Betrachten wir zunächst alle Mansabdars der Rangstufe 2000 und darüber: In der ersten Periode waren das insgesamt 191, davon 32 vom Hochland, 110 von ihnen stammten aus Familien, die bereits zuvor im Dienst des Mogulreichs gestanden hatten; in der zweiten Periode erhöhte sich die Gesamtzahl auf 270, davon 95 vom Hochland und 129, deren Vorfahren bereits im Dienst gestanden hatten. Diese Zahlen lassen zunächst noch auf eine ausgewogene Expansion schließen. Aber die Proportionen ändern sich, wenn wir die höchsten Ränge gesondert betrachten. Von Mansabdars der Rangstufe 5000 und darüber gab es in der ersten Periode 32, davon 9 vom Hochland und 23 mit Vorfahren im Dienst, in der zweiten Periode dagegen 54, davon 33 vom Hochland und nur insgesamt 29 mit Vorfahren im Dienst. Noch krasser werden die Verhältnisse, wenn wir uns der höchsten Rangstufe (7000er) zuwenden. Von diesen Großen des Reiches gab es in der ersten Periode nur sechs, darunter nur einen vom Hochland, und alle sechs hatten Vorfahren im Dienst. In der zweiten Periode waren es 14, davon neun vom Hochland, und nur fünf von den 14 hatten Vorfahren im Dienst. Deutlicher läßt sich der Wandel an der Spitze der Pyramide kaum darstellen.

Die Zahlen zeigen zugleich, daß das System im Süden kopflastig war. Während im Norden das Verhältnis der Mansabdars der Ränge von 2000 und darüber bis unter 5000 zu denen von 5000 und darüber ca. 8 : 1 war, war es im Süden ca. 3 : 1. Das bedeutete, daß der Süden letztlich doch nicht nach den Regeln des Systems durchstrukturiert, sondern nur punktuell integriert worden war.

Andererseits konnte es sich Aurangzeb nicht leisten, die herrschende Schicht des Nordens im gleichen Maßstab zu reduzieren. Damit trieb das ganze System in eine Inflation hinein, an der es schließlich zerbrach. Die Agrarbasis konnte den feudalen Überbau nicht mehr tragen.

Diese Situation erklärt die Überlegenheit des von Shivaji begründeten Raubstaatsystems über Aurangzebs inflationären Militärfeudalismus. Die Marathen erhoben die sogenannte chauth, d. h. ein Viertel der in dem jeweils eroberten Gebiet üblichen Grundsteuerabgaben. Aurangzebs System wurde von innen her ausgehöhlt, während sich das Marathen-System von außen den verschiedensten regionalen Systemen überstülpen ließ. Diese Komplementarität ergab sich geradezu zwangsläufig.

Aurangzeb überlebte seinen Widersacher, aber dessen System überlebte die Mogul-Dynastie und gab dem Marathen-Staatengebilde noch lange einen unwiderstehlichen Rückhalt. Auch das alte Kerngebiet des Marathen-Reiches um Puna blieb weiterhin sein Mittelpunkt, selbst als die Existenzbedingungen des Reiches sich änderten.

Das Marathenreich konnte jedoch das Mogulreich nicht ersetzen, eben weil es gar nicht den Versuch unternahm, einen großen Territorialstaat aufzubauen, einen Versuch, den eine indische Macht zu dieser Zeit vielleicht auch schon gar nicht mehr unternehmen konnte. Der rasche Aufstieg Europas, das vor der politischen Intervention schon durch den Handel tief in die Geschichte der Staaten Asiens eingegriffen hatte, erlaubte keine Konsolidierung eines indischen Reiches, es sei denn, man hätte es vermocht, das Land rigoros von der Außenwelt abzuschneiden.

Aurangzeb versuchte bis zuletzt, die geradezu systemimmanente Auflösung seines Reiches aufzuhalten, und verschärfte dadurch die bestehenden Spannungen nur noch mehr. Sein erbitterter Kampf gegen den Widerstand im Süden lenkte ihn vom Norden ab, und dort zerbrach die Basis seiner Macht.

Sikhs und Jats im Nordwesten rebellierten gegen die drückende Last der Zentralregierung, deren starke Hand unsicher geworden war. Der Osten des Reiches war seit eh und je nur bedingt gehorsam und konnte sich jederzeit aus dem Reichsverband lösen. Die schwachen Nachfolger Aurangzebs, denen jeweils nur eine kurze Regierungszeit vergönnt war, konnten sich nicht mehr durchsetzen, vielleicht wußten sie auch gar nicht mehr, warum und wozu sie das tun sollten.

Der Einfall Nadir Shahs, des besser gerüsteten neuen Herrschers von Persien, in Nordindien im Jahre 1739 zeigte, wie einst der Einfall Timurs das Ende des Sultanats von Delhi, nun das Ende der Mogulherrschaft an. Nadir Shah plünderte Delhi, raffte Thron und Kronjuwelen hinweg und ließ vom Mogulreich nur einen Schatten einstiger Größe zurück. Während er über die Berge verschwand, konsolidierten im Hochland die Marathen ihre Macht. Die Erben Shivajis hatten in ihren brahmanischen Ministern, den Peshwas, eine Stütze gefunden. Balaji Vishwanath, Peshwa von 1714 bis 1720, wurde zum Gründer einer neuen Dynastie, die wie die Shogune Japans im Namen des Herrscherhauses regierte, aber praktisch alle Macht in den Händen hielt. Baji Rao, der zweite Peshwa (1720—1740) trug besonders zu dieser Mehrung der Macht bei, denn er war sowohl ein guter Verwaltungsfachmann als auch ein genialer Feldherr und asketischer Krieger, von dem es hieß, daß er auf seinen Feldzügen nachts sprungbereit neben seinem Pferd auf der Erde schlief. Die Peshwas klügelten ein Verwaltungssystem aus, das sie mit ihren Kastengenossen, den Chitpavan Brahmanen, besetzten und als zentralistisch organisiertes Netz fiskalischer Ausbeutung über die regional bestimmten Selbstverwaltungsstrukturen spannten. Shivajis Raubstaat wurde von ihnen erst zu einem wahren Kunstwerk gemacht. Mit diesem feingesponnenen Netz waren auch föderative Beziehungen verschiedener Marathenfürstentümer zueinander vereinbar. Zugleich konnte man auf diese Weise das Mogulreich unter Beibehaltung der nominellen Oberhoheit der Mogulherrscher unterwandern. Doch auf diesem Gebiet sollten die Peshwas bald in den Briten ebenso geschickte Rivalen finden, die auch die Mogulprovinz mit einem System fiskalischer Ausbeutung durchdrangen.

5. DIE BRITISCHE KOLONIALHERRSCHAFT

5.1 Von der Handelsgesellschaft zur Territorialmacht

Die europäischen Mächte, die schon im 16. und 17. Jahrhundert an den Küsten Indiens erschienen, hatten zunächst nicht daran gedacht, die Herrschaft über Indien zu usurpieren. Sie kamen als Händler und ließen sich an der maritimen Peripherie des Landes nieder. Der ständig wachsende Bedarf Europas für die Güter Asiens hatte schon vor der Errichtung solcher Handelsniederlassungen die Wirtschaft vieler Länder Asiens beeinflußt, zumal dieser Handel durchaus einseitig verlief. Europa verlangte Waren und zahlte in barer Münze. Beides hatte eine inflationäre Wirkung, die die Stabilität der politischen Systeme Asiens erschütterte. Diese Wirkung war weitaus bedeutsamer als das Auftreten europäischer Händler selbst, deren Handelsvolumen zunächst noch hinter dem ihrer asiatischen Konkurrenz weit zurückblieb. Noch lange Zeit, nachdem diese europäischen Händler aufgetaucht waren, um den Zwischenhandel auszuschalten, blieb Venedig als Endpunkt der arabisch-mediterranen Handelsroute der wichtigste Markt für die Güter Asiens. Nicht umsonst sagte der Portugiese Thomas Pirez in seiner ›Summa Oriental‹ (1519): „Wer die Hand auf Malacca legt, der hat sie an der Kehle Venedigs." Malacca an der Ostküste Malayas war damals der Durchgangshafen für die Gewürze Indonesiens, die über die Zwischenstationen der Häfen Gujarats und über das Rote Meer nach Venedig gelangten. Diesen asiatischen Freihandel, der von Indonesien bis Venedig führte und an dem hauptsächlich Inder und Araber beteiligt waren, galt es, an seinen entscheidenden Schaltstellen zu kontrollieren, und das versuchten die Portugiesen, die mit ihrem System der lizensierten Schiffahrt den Freihandel zu beherrschen und, wenn möglich, an die Westküste Europas umzuleiten trachteten. Ihr Zwangssystem wurde bald von den Holländern überrundet, die sie navigatorisch und schiffsbautechnisch überspielten und auf der direkten Route vom Kap der Guten Hoffnung nach Indonesien segelten und dadurch alle bisherigen Zwischenstationen überflüssig machten. Ihnen folgten bald die Briten, die wiederum von ihnen lernten, aber die Notwendigkeit allzu vieler befestigter Handelsstationen umgingen und sich zunächst einmal als Zwischenträger im asiatischen Handel bewährten, da die Holländer bereits den Gewürzhandel mit Europa weitgehend beherrschten.

Diese Aktivitäten erforderten kein territoriales Engagement. Die Briten jener Zeit prägten für das System der Holländer das treffende Wort: „Viele Festungen, viel Ärger und wenig Profit." Bald aber sahen sie sich selbst dazu gezwungen, sozusagen an Land zu gehen und die Ausgangsbasis ihrer Handelsprodukte in den Griff zu bekommen. So geschah es, daß maritime Mächte, die zunächst nur an der Peripherie Indiens vorübergehend Fuß gefaßt hatten, in wachsendem Maße das Hinterland durchdrangen, um die Produktion ihrer Exportwaren zu beherrschen. Engländer und Holländer wetteiferten in dieser Beziehung miteinander. Besonders die Herstellung der überall in Asien sehr begehrten indischen Textilien spielte hierbei eine führende Rolle. Gebiete der Ostküste waren dafür besonders wichtig, denn sie lieferten die handbedruckten Baumwolltuche, die überall einen Markt fanden, schließlich sogar in Europa, wo ihr Import zu heftigen Kontroversen führte, über die später noch zu berichten ist.

Für die Briten wurde die Beteiligung am innerasiatischen Handel so profitabel, daß sie schließlich mit den Gewinnen aus diesem Handel die Güter kaufen konnten, die sie nach Europa sandten, so daß dieser Zweig des Handels zum größten Teil dem Profittransfer diente. Damit wurde den Kritikern zu Hause der Wind aus den Segeln genommen, die immer wieder betonten, daß der Abfluß der Edelmetalle Gold und Silber nach Indien die heimische Wirtschaft schädige, eine Klage, die schon Plinius im alten Rom erhoben hatte, weil schon damals die Luxusgüter

Indiens von Europa mit barer Münze bezahlt wurden, da Indien keinen Bedarf an europäischen Gütern hatte, sondern allein Edelmetalle absorbierte.

Die merkantilistischen Wirtschaftstheoretiker Englands wiesen freilich darauf hin, daß Handelsbilanz und Zahlungsbilanz zweierlei Dinge seien und der Re-Export indischer Waren England mehr einbrachte, als es zunächst an Edelmetallen ausgeben mußte. Doch kaum war dieser Streit ausgetragen, so ergab sich eine neue Kontroverse: die Wollweber protestierten gegen die Einfuhr von indischen Baumwolltextilien und forderten den Schutz des heimischen Gewerbes. Auch diese Krise wurde überstanden, und die britische Ostindiengesellschaft, die erste großangelegte Aktiengesellschaft der Welt, trieb den Handel mit Indien weiter, wobei das Re-Exportgeschäft in der Tat von großer Bedeutung war, den internationalen Handel des Inselreiches beflügelte und seine Wirtschaftsstruktur prägte. Dabei zeigte gerade der britische Asienhandel im 17. und 18. Jahrhundert Flexibilität in einem großen Strukturwandel. Zunächst waren Pfeffer und andere Gewürze die wichtigsten Waren, die nach Europa gesandt wurden, diese hielten auch absolut gesehen ihren Anteil über die Jahrzehnte hinweg, waren aber bald von relativ geringerer Bedeutung, da der Textilhandel rasch anstieg. Im 18. Jahrhundert trat dann der Tee als neue und bald dominante Ware hinzu. Der Tee wurde von den Briten in China mit Geld gekauft, das sie aus Indien herauszogen, und von England aus in alle europäischen Länder und nach Amerika re-exportiert. Die "Boston Tea Party", mit der die amerikanische Revolution begann, war ein Überfall auf einen der berühmten Tee-Klipper der Ostindiengesellschaft, die zu jener Zeit als die schnellsten und besten Schiffe der Welt galten.

Die Briten hatten den Portugiesen und Holländern, die vor ihnen in dieses Geschäft eingestiegen waren, den Rang abgelaufen. Die Portugiesen hatten als erste der europäischen Mächte den Willen und die Kenntnis, die sie zur asiatischen Seefahrt befähigten, aber es fehlte ihnen an Kapital. Ihr System, mit dem sie die Umleitung des asiatischen Handels an die europäische

Westküste zu erzwingen versuchten, war daher von vornherein zum Scheitern verurteilt. Die Holländer, die die europäischen Märkte mit asiatischen Gewürzen belieferten, hatten sowohl die nautischen Kenntnisse als auch das Kapital, das zu dieser Unternehmung erforderlich war, aber sie legten sich zu frühzeitig auf die kostspielige territoriale Beherrschung der Produktionsstätten ihrer Exportprodukte fest. Erst den spätkommenden Briten gelang es, Kapitaleinsatz und Handelsgewinn auf einen vernünftigen Nenner zu bringen, ohne daß etwa zu jener Zeit bereits eine Kosten-Nutzen-Analyse durchgeführt wurde. Die geizigen Direktoren der Ostindiengesellschaft wachten streng über die Ausgaben ihrer indischen Niederlassungen, und als man dort begann, Territorialherrschaft anzustreben, war es nötig, den Direktoren nachzuweisen, daß dies nicht zu ihren Kosten gehe, sondern daß die Territorialherrschaft sich selbst trüge.

Die Briten wurden von den ehrgeizigen Franzosen in das Abenteuer der indischen Territorialherrschaft gestürzt. Britische und holländische Handelsniederlassungen hatten über ein Jahrhundert in kommerziellem Wettbewerb miteinander gestanden, aber das territoriale Engagement beider Handelsnationen in Indien blieb minimal. Trotz mehrerer britisch-holländischer Seekriege richteten sich die beiden Mächte in Indien immer wieder auf eine friedliche Koexistenz ein. Ihre Handelsniederlassungen waren meist nicht weit voneinander entfernt, so zum Beispiel in Bengalen oder an der Ostküste, und im bedeutendsten Hafen des Mogulreiches, in Surat an der Westküste, waren sogar beide in derselben Stadt anzutreffen. Die Franzosen hatten sich auch zunächst in dieses System eingefügt, aber der ehrgeizige Gouverneur Dupleix versuchte es zu sprengen, indem er indische Fürsten gegeneinander ausspielte und sich auf diese Weise territoriale Macht anzueignen versuchte. Sein fähiger General De Bussy, kluger Diplomat und genialer Feldherr zugleich, zog siegreich durch das ganze Hochland und war nahe daran, wie einst Mohammed Gawan, der große General des Bahmani-Sultanats, ein Reich von Küste zu Küste zu erobern. Ihnen gesellte sich ein dritter genialer Abenteurer hinzu, der Admiral La Bourdonnais, der nach Art der großen Freibeuter des Indischen Ozeans in eigener Regie eine Kriegsmarine mit dem Hauptstützpunkt Mauritius aufgebaut hatte und den Briten 1746 während des Österreichischen Erbfolgekriegs Madras fortnahm, das sie aber dann beim Friedensschluß wieder zurückerhielten.

Diese kriegerischen Zeiten machten einen jungen Schreiber der britischen Ostindiengesellschaft zum kühnen und verschlagenen Eroberer. Robert Clive war 1744 in Indien eingetroffen, hatte zunächst in Fort St. David an der Südostküste gearbeitet und erst später die Feder mit der Waffe getauscht. Durch seinen verwegenen Einsatz in Arcot, das er 1751 im Handstreich mit wenigen hundert Mann gewonnen und dann gegen eine große Übermacht verteidigt hatte, war er schon im Alter von 26 Jahren berühmt geworden. In den folgenden Jahren stieg er rasch in höhere Positionen der Handelsgesellschaft auf und wollte sich mit 39 Jahren nach England zurückziehen und einen Sitz im Parlament einnehmen. Er gewann die Wahl mit großem finanziellen Aufwand, doch wurde diese bald darauf für ungültig erklärt, und er war daher in Ermangelung anderer Aktivitäten bereit, nach Indien zurückzukehren, nachdem er sich ein Offizierspatent als Oberstleutnant besorgt hatte. Schon auf dem Wege gelang ihm ein Meisterstreich, als er an der Westküste Jheria, das Hauptquartier des gefürchteten Marathen-Admirals Kanhoji Angre, einnahm, der viele Jahre diese Küste unsicher gemacht hatte. Kaum war er dann in Madras angelangt, wurde er von dort nach Kalkutta entsandt, da dieser britische Posten vom Nawab von Bengalen schwer bedrängt wurde. Diesem war die Aufrüstung der britischen Garnison dort verdächtig, er überfiel die Stadt und sperrte alle Briten, die nicht geflohen waren, ein. Viele Gefangene starben in dem kleinen Gefängnis, das deshalb als „Schwarzes Loch" einen schrecklichen Ruhm erlangte, den die Briten später weiterverbreiteten, um ihre drastischen Gegenmaßnahmen zu rechtfertigen. Clive befreite die Stadt, schloß Frieden mit dem Nawab und erhielt von ihm die Erlaubnis, den Franzosen, mit denen man sich nach Ausbruch des Siebenjährigen Krieges gerade wieder im Kriege befand, den

Posten Chandernagar in der Nähe von Kalkutta wegzunehmen. An sich hätte Clive nun mit seinen Truppen nach Madras zurückkehren müssen, wie es ihm befohlen war, aber er mißachtete den Befehl und blieb. Mit dieser Unbotmäßigkeit tat er den ersten Schritt zur Errichtung der britischen Territorialmacht in Indien. Er hatte erkannt, daß der labile junge Nawab, im eigenen Lager von Neid und Mißtrauen umgeben, eine Schachfigur auf dem Spielfeld der Macht war, die sich manipulieren ließ. Nicht umsonst hatte Clive Dupleix und De Bussy beobachtet. Jetzt konnte er selbst einen Schachzug wagen. Er verband sich mit Mir Jafar, einem Minister, der beim Nawab in Ungnade gefallen war und versprach, in einer Schlacht den Nawab zu verlassen und seine Truppen mit denen Clives zu verbinden. Als die Gegner 1757 bei Plassey aufmarschierten, stand Clive mit nur 3000 Mann einer Phalanx von 50 000 gegenüber, die von Intrigen zersetzt war, deren Reaktion man aber trotzdem nicht abschätzen konnte. Clive zögerte, aber der tollkühne Ausfall eines seiner Offiziere löste die Kampfhandlungen aus, stiftete Verwirrung in den Reihen des Gegners und führte zu Flucht und Niederlage des Nawabs, den Clive durch Mir Jafar ersetzte. Hier wie so oft beim Aufeinandertreffen der Truppen indischer Fürsten und europäisch geschulter Verbände machte die überlegene Strategie die zahlenmäßige Unterlegenheit wett. Indische Heere kämpften mit schnellen Kavallerie-Einheiten, unterstützt von einem riesigen, aber meist nicht spezifisch ausgebildeten und gerüsteten Fußvolk. Die europäisch geschulten Verbände schossen in regelmäßiger Folge gut gezielte Salven in die Reihen des Feindes und konnten so die Kavallerieattacken abfangen und die Phalanx des Fußvolkes zerstreuen. Doch trotz alledem verdankte es Clive in erster Linie seinem Kriegsglück, daß er diese Machtprobe so gut bestand.

Clive war mit einem Schlage der Herr Bengalens, der neue Nawab seine Kreatur. Große Geldgeschenke flossen in die Taschen Clives und der anderen hohen Beamten der Ostindiengesellschaft in Bengalen. Die Möglichkeiten zur Korruption, die sich auf diese Weise ergaben, hätten fast die britische Territorialherrschaft in Bengalen im Keime erstickt. Clive verließ das Land 1760, und seine Nachfolger wechselten bald nochmals den Nawab, um sich wieder beschenken zu lassen, sie zerrütteten darüber hinaus die staatliche Zollverwaltung, indem sie sich Freipässe ausstellen ließen und mit diesen einen schwunghaften Handel trieben. Clive hatte bereits 1759 geraten, daß die britische Krone die territorialen Rechte der Ostindiengesellschaft übernehmen solle, aber die Gesellschaft ließ sich diese Rechte nicht nehmen, wußte freilich auch nicht, wie sie gehandhabt werden sollten. Man hatte schließlich sogar den neuen Nawab Mir Kasim so falsch behandelt, daß dieser sich mit dem Nawab von Oudh und dem Großmogul gegen die Briten verband, die 1764 bei Buxar in Bihar nur nach hartem Kampf über diese vereinte Macht ihrer Gegner siegten. In dieser Situation wurde Clive noch einmal als Gouverneur nach Bengalen entsandt. Es gelang ihm, aus dem Sieg von Buxar mit großem diplomatischen Takt den größten Gewinn für die Briten zu schlagen. Der Nawab von Oudh wurde in seinem Besitz bestätigt und zum Bundesgenossen gemacht, vom Großmogul aber ließ Clive den Briten die Diwani, d. h. die Steuerhoheit über Bengalen, Bihar und Orissa übertragen gegen Zahlung eines „Tributs" von 2,5 Mill. Rupien jährlich, etwa einem Zehntel des Steueraufkommens dieser reichen Provinz. Dem Nawab von Bengalen blieben nur die restlichen staatlichen Hoheitsfunktionen (Militär, Strafgerichtsbarkeit etc.), für die Zivilverwaltung war die Ostindiengesellschaft verantwortlich.

Die früheren Nawabs von Bengalen hatten für die Briten gute Vorarbeit geleistet. Bengalen war eine zentralistisch regierte Provinz mit einem großen Steueraufkommen, das ungeschmälert den Nawabs zufloß, da sie alle Mogul-jagirs eingezogen und im ganzen Land die unmittelbare Steuerhoheit errichtet hatten. Auf dieser Machtgrundlage hatten sie sich auch gegen Mogul und Marathen behaupten können. Nur den Briten waren sie nicht gewachsen, und diese traten nun ihr Erbe an und machten die gesamte vierte Teilregion der Nordebene, die ihnen nach der Schlacht von Buxar anheimgefallen war, zur

Ausgangsbasis ihrer Macht, wie es einst die Maurya-Dynastie getan hatte.

Aus dem Steueraufkommen von Bengalen konnten die Briten von nun an alle weiteren territorialen Unternehmungen finanzieren und dazu noch in China Tee aufkaufen, der in Europa und Amerika mit großem Gewinn abgesetzt wurde. Der britische Staat beseitigte die Handelsgesellschaft nicht, sondern nahm ihr zunächst lediglich einen Tribut von jährlich 40 000 Pfund ab und bestätigte sie in allen Rechten und Privilegien. Das Parlament befürchtete eine Ausdehnung königlicher Patronage bei einer Verstaatlichung der Gesellschaft und war nicht geneigt, dem ehrgeizigen König Georg III. diesen Machtzuwachs zu gönnen. Erst als die angeblich so reiche Gesellschaft eine hohe Verschuldung zeigte und ihrerseits den Staat um Kredit anging, sah sich der Staat gezwungen, ordnend einzugreifen. Die Gesellschaft hatte stets die Politik verfolgt, ihr Aktienkapital gering zu halten, um den Kreis der Empfänger hoher Dividenden zu begrenzen, und hatte statt dessen zu günstigen Zinssätzen Kredit aufgenommen und einen beträchtlichen Schuldenberg vor sich hergeschoben.

Die Belastung durch kriegerische Verwicklungen in Indien reduzierten die Einkünfte aus Bengalen beträchtlich. Die Präsidentschaften von Bombay und Madras hatten in diesen Jahren ständig ein Defizit, das von Bengalen gedeckt werden mußte. Diese anderen Präsidentschaften hatten keinen nennenswerten Territorialbesitz, aus dem sich Steuergelder pressen ließen. Der Handelsgewinn der Gesellschaft war ebenfalls rückläufig, da mehr und mehr private Händler, die meisten davon Angestellte der Gesellschaft, in den Handel eingestiegen waren und das Monopol der Gesellschaft brachen. Die privaten Händler taten sich zu Partnerschaften (agency houses) zusammen, die zunächst mit kleineren Aufträgen, wie z. B. der Versorgung der Europäer in Indien mit Importwaren oder der Ausstattung der Truppen begonnen hatten, dann aber zu Pionieren im Exportgeschäft wurden und neue Produkte förderten, wie etwa den Anbau von Indigo in Bihar und Bengalen und die Ausfuhr dieses begehrten

Farbstoffes oder den Handel mit Rohbaumwolle an der Westküste. Der Privathandel sah sich oft gezwungen, andere europäische Gesellschaften, so etwa die dänische, zu benutzen, um das Monopol der britischen zu umgehen, oder aber illegal Laderaum auf britischen Schiffen zu verwenden. Ein einflußreicher britischer Händler errechnete für die Zeit von 1781 bis 1790 die folgenden Zahlen: Ausfuhr 37 000 t pro Jahr, davon 18 000 t über ausländische Gesellschaften, 10 000 illegaler Handel, 4000 erlaubte Privatladung auf Schiffen der britischen Gesellschaft und nur 5000 für die Gesellschaft selbst, dem standen gegenüber insgesamt 35 000 t Einfuhren aus Indien nach England, wovon 19 000 auf ausländische Gesellschaften, 8000 auf den illegalen Handel, 1000 auf erlaubten Privathandel und 7000 auf die Gesellschaft selbst entfielen. Dies zeigte deutlich den Anachronismus des Monopols der Gesellschaft, doch wurde diese 1793 zur Zeit der periodischen Erneuerung ihrer Privilegien durch das Parlament noch einmal in diesem Monopol bestätigt. Die Gesellschaft mußte damals schon bei ihren eigenen Angestellten Geld leihen, und diese nutzten die Gesellschaft als Infrastrukturbetrieb für ihre eigenen Unternehmungen.

Das Monopol der Gesellschaft wurde von einer wichtigen Interessengruppe, die auch im Direktorium der Gesellschaft stark vertreten war, besonders zäh verteidigt, und das waren die Schiffseigentümer, die die berühmten Ostindienschiffe stellten. In ihrer Anfangszeit hatte die Gesellschaft eigene Schiffe gehabt und diese sogar auf ihrer eigenen Werft gebaut. Das erwies sich bei Schwankungen des Geschäfts bald als unprofitabel, und man war dazu übergegangen, mit privaten Schiffseignern Verträge abzuschließen. Die Ostindienschiffe wurden bald immer schneller und besser und waren ganz auf diese Route spezialisiert, ihre Eigentümer waren daher auf langfristige Verträge mit der Gesellschaft angewiesen und an der Erhaltung des Vertragspartners interessiert. Die Bemühungen des Staates, die Gesellschaft neu zu ordnen, mußten diese Interessen berücksichtigen, und so war zunächst an eine grundsätzliche Änderung der Verhältnisse nicht zu denken.

5.2. Die Konsolidierung der britischen Herrschaft

In Indien hatte sich inzwischen das Kräfteverhältnis sehr zugunsten der neuen britischen Territorialmacht verschoben. Das wichtigste Ereignis war in dieser Beziehung die Schlacht von Panipat im Jahre 1761, bei der sich Marathen und Afghanen gegenüberstanden. Panipat liegt nördlich von Delhi in dem Gebiet, in dem schon seit Jahrtausenden die Entscheidungsschlachten der indischen Geschichte ausgetragen worden waren. Die Marathen, die zur Vormacht Indiens aufgestiegen waren, stellten sich hier dem Eroberer Ahmad Shah Durrani entgegen, der von Kabul aus schon öfter in die Ebene eingefallen war und ein ähnliches Raubstaatsystem betrieb wie die Marathen. Der Fehler der Marathen war es, daß sie inzwischen von ihrer erfolgreichen Guerillastrategie abgekommen waren und nun mit großem Heer und Troß unter dem Oberbefehl des Generals Sada-Shivrao in die Schlacht zogen und von den wendigeren Afghanen vernichtend geschlagen wurden. Nach der Schlacht zogen sich die Afghanen nach Kabul und die Marathen ins Hochland zurück und hinterließen in Nordindien ein Machtvakuum. Der Nawab von Oudh in der dritten Teilregion der Ebene erlangte dadurch vorübergehend eine Schlüsselposition. Er wurde aber, wie bereits erwähnt worden ist, bald von den Briten abhängig.

Im Hochland konnten die Marathen unter dem fähigen jungen Peshwa Madhav Rao, der 1761 die Regierung übernahm, noch einmal ihre Macht konsolidieren. Madhavs Onkel Raghunath, der selbst Peshwa werden wollte und die Briten in sein Intrigenspiel einbezog, konnte noch nicht zum Zuge kommen. Briten und Marathen entstand in jener Zeit im Süden ein gefährlicher gemeinsamer Gegner in Haider Ali, einem kühnen Usurpator, der die Hindu-Dynastie von Mysore abgesetzt hatte und in kurzer Zeit ein großes Territorium eroberte. Haider und sein Sohn Tipu, der ihm 1782 nachfolgte, waren die ersten indischen Herrscher, die die neue Zeit verstanden und in Strategie, Diplomatie, Verwaltung, Technik und Wirtschaft westliche Methoden übernahmen. Sie versuchten, die Franzosen gegen die Briten auszuspielen und hatten dabei nur das Unglück, daß die französische Karte, auf die sie setzten, keine Trumpfkarte mehr war, seit die Briten 1760 in der Schlacht von Wandiwash in der Nähe von Madras die Franzosen vernichtend geschlagen hatten. Die Briten verbündeten sich nun mit dem Nizam, der hier im Süden eine ähnliche Rolle spielen sollte wie der Nawab von Oudh im Norden. Daher blieb auch das Territorium dieses Fürsten unter britischer Herrschaft erhalten. Zunächst ließ der Bundesgenosse die Briten jedoch auf dem Schlachtfelde im Stich, und sie mußten es allein mit Haider aufnehmen. Dieser wurde 1767 von dem Marathen unter Madhav Rao geschlagen, konnte sich aber gegen die Briten, denen er mit seiner schnellen Kavallerie überlegen war, während er ihrer besseren Infanterie auswich, gut behaupten und zwang ihnen 1769 vor Madras einen Diktatfrieden und ein Verteidigungsbündnis auf.

In Südindien war damit dem Einfluß der Briten zunächst ein Riegel vorgeschoben, während sich zur gleichen Zeit in Nordindien eine Konstellation ergab, die eine britische Intervention geradezu herausforderte. 1769 fielen die Marathen in Oudh ein, der Nawab verbündete sich gegen sie mit den Rohillas, afghanischen Kriegern, die sich im Doab niedergelassen hatten, überwarf sich aber mit diesen, als die Marathen wieder abgezogen waren. Die Marathen bemächtigten sich 1771 des in Allahabad residierenden Moguls und setzten ihn in Delhi wieder ein, um nun ihrerseits mit ihm dasselbe Spiel zu treiben, das die Briten bisher mit ihm gespielt hatten. Die Briten stellten darauf die Zahlungen an ihn ein. 1773 erschienen die Marathen wieder in Rohilkand. Der Nawab und die Briten verteidigten dieses Gebiet, fielen dann aber gemeinsam über die Rohillas her. Rohilkand wurde dem Staat des Nawab einverleibt. Als dieser dann 1774 starb, zwangen die Briten seinem Nachfolger einen Vertrag auf, mit dem unter anderem das Gebiet um Benares an sie überging.

Zur gleichen Zeit, als von Kalkutta aus diese Interventionspolitik in Nordindien betrieben wurde, verbündete sich der

Gouverneur von Bombay mit dem Intriganten Raghunath, der nach dem Tode des Peshwas, Madhav Rao, und der Ermordung von dessen jüngerem Bruder Narayan nun endlich die Chance sah, Peshwa zu werden, doch daran von dem fähigen Minister Nana Phadnavis gehindert wurde, der in Puna mit einem Ministerrat die Regentschaft für einen nachgeborenen Sohn Narayans führte. Auf diese Weise wurden die Briten in die internen Machtkämpfe der Marathen hineingezogen. Es sollte sich jedoch bald erweisen, daß die Ressourcen Bombays nicht genügten, um diese Kämpfe zu bestehen. Raghunath und seine britischen Hilfstruppen wurden geschlagen, und dem Gouverneur von Bombay wurde von der siegreichen Marathenpartei ein Diktatfriede aufgezwungen, der besagte, daß er alle von Raghunath gewährten Territorien aufgeben und diesen selbst ausliefern sollte. Raghunath floh und begab sich in den Schutz des Marathenfürsten von Gwalior. Britische Entsatztruppen, die bald darauf auf dem Landwege von Kalkutta aus eintrafen, stellten dann das Gleichgewicht der Kräfte wieder her. Die Briten verbündeten sich mit den Marathenfürsten von Gwalior und Baroda, die von nun an eine ähnliche Rolle spielten wie der Nizam von Haiderabad und der Nawab von Oudh und daher ebenfalls im Besitz ihrer Territorien blieben.

Der waghalsige Alleingang Bombays war die letzte Unternehmung dieser Art. Von nun an war in zunehmendem Maße der Generalgouverneur in Kalkutta für die Koordination der britischen Politik verantwortlich. Dieses Amt wurde durch ein Parlamentsgesetz von 1773 geschaffen. Der erste Generalgouverneur war Warren Hastings, der schon 1771 Gouverneur von Bengalen geworden war. Hastings war neben Clive der eigentliche Gründer des britisch-indischen Reiches, aber während Clive aufstieg wie ein Komet und in maßgeblicher Stellung nur wenige Jahre in Indien verbrachte, war Hastings eine lange Amtszeit in Indien vergönnt, in der er große diplomatische Leistungen vollbrachte und das Fundament der britisch-indischen Verwaltung legte. Er war nur sieben Jahre jünger als Clive, kam 1750 als junger Schreiber nach Kalkutta, geriet 1756 in die

Gefangenschaft des Nawab, wurde 1757 im Jahr der Schlacht von Plassey Resident am Hofe des Nawab in Murshidabad, kehrte 1764 nach England zurück und wurde 1769 als Mitglied des Rats des Gouverneurs von Madras wieder nach Indien entsandt. Als er 1771 zum Gouverneur von Bengalen ernannt wurde, konnte er bereits auf eine reiche Erfahrung im Dienste der Ostindiengesellschaft zurückblicken. Clive hatte 1765 die Diwani von Bengalen übernommen, aber Hastings wurde erst recht eigentlich der Diwan (Minister), der nach verschiedenen Experimenten schließlich die Steuerverwaltung von Bengalen fest in den Griff bekam, während zuvor der alte Beamtenapparat des Nawab die den Briten übertragene Funktion zu vollziehen hatte. Hastings betrieb auch eine geschickte Außenpolitik gegenüber den Fürsten. Er verstand es, den Nawab von Oudh unter seiner Kontrolle zu halten und den Maharaja von Gwalior für die Briten zu gewinnen. Schwieriger war seine Position im eigenen Lager, wo er von dem neuen aus dem Mutterland entsandten Rat des Generalgouverneurs ständig überstimmt wurde. Erst ein neues Gesetz von 1784 verbesserte die verfassungsrechtliche Position des Generalgouverneurs, aber als dieses Gesetz in Kraft trat, war Hastings' Amtszeit bereits nahezu abgelaufen.

Hastings war gezwungen, einen Krieg an vielen Fronten zu führen. Während seiner Amtszeit wurden wieder einmal die britisch-französischen Auseinandersetzungen in Europa nach Indien hineingetragen. Haider Ali sah darin eine Chance, und während die Briten mit Franzosen und Marathen zugleich verwickelt waren, stürzte er sich auf den von den Briten protegierten Nawab von Arcot, der das Hinterland von Madras beherrschte. Die Briten waren wiederum nicht in der Lage, Haider zu schlagen. Als er 1782 starb, kämpfte sein Sohn Tipu erfolgreich weiter und zwang die Briten 1784 zu einem Diktatfrieden wie sein Vater fünfzehn Jahre zuvor. Hastings, der in Oudh und Benares so erfolgreich gewesen war, empfand diese Schlappe im Süden als besonders demütigend. Für die Briten wirkte es sich bald günstig aus, daß Tipu mit den Marathen und dem mit diesen verbündeten Nizam von Haiderabad aneinandergeriet. Sie kämpften um die Beherrschung des dritten Schwerpunkts des Hochlandes. 1786 ging der Kampf um Badami, die alte Chalukya-Hauptstadt, die Tipu gegen die Feinde aus dem Norden verteidigte und an sie verlor.

Hastings war inzwischen bereits im Ruhestand in England, und dort wurde ihm auf Betreiben des berühmten liberalen Politikers Edmund Burke der Prozeß gemacht. Burkes Anklagen richteten sich vor allem gegen Hastings' skrupellose Politik in Oudh und Benares. Im Grunde ging es aber nicht um Hastings allein, sondern um den Aufstand des liberalen Gewissens gegen die imperiale Politik in Indien, die sich unter dem Deckmantel der Ostindiengesellschaft der Aufsicht des Parlaments entzog. Der Prozeß war lang und endete ergebnislos, er belastete einen Mann, der im Rahmen des vorgegebenen Systems seine Pflicht getan hatte und diese auch noch dadurch zu tun glaubte, daß er sich diesem Prozeß unterwarf und sich mehr schlecht als recht verteidigte. Das liberale Gewissen aber war nicht in der Lage, den Ausbau des britisch-indischen Imperiums zu verhindern. Das Gesetz von 1784 verordnete zwar dem Generalgouverneur eine Friedenspolitik, aber die Verteidigung und damit auch ein Imperialismus aus Notwehr waren ihm erlaubt.

Der neue Generalgouverneur Lord Cornwallis sah sich schon bald in eine solche Notwehrsituation versetzt. Er kam mit größeren Vollmachten nach Indien als sein Vorgänger, hatte sich nicht in der Ostindiengesellschaft emporgedient, sondern gehörte dem Adel an, hatte gerade die entscheidenden Schlachten des amerikanischen Unabhängigkeitskrieges verloren und war nun mit dieser neuen Aufgabe in Indien betraut worden. Gleich nach seiner Amtsübernahme beschäftigte sich Cornwallis mit dem Problem Mysore und sondierte die Möglichkeit eines Bündnisses mit den Marathen gegen Tipu. Dieser überfiel 1789 den mit den Briten verbündeten Maharaja von Travancore (Kerala), und damit war der Anlaß zum dritten Mysore-Krieg gegeben. Cornwallis führte den Feldzug persönlich; vereint mit dem Nizam und den Marathen gelang es ihm, Tipu zu besiegen, und dieser mußte die Hälfte seines Territoriums an seine Gegner abtreten. Die Briten erhielten dabei Malabar, Dindigul, Madurai und Salem und damit die Grundlage ihrer Territorialherrschaft in Südindien, in dem sie bisher außer einigen Handelsstationen nichts besessen hatten.

In Nordindien wurde in diesen Jahren der britischen Verwicklung im Süden der Maharaja von Gwalior zum wichtigsten Herrscher. Er hatte sich zum Oberbefehlshaber der Mogularmee ernennen lassen und regierte praktisch im Namen des ohnmächtigen Großmogul. Dabei betrachtete er sich weiterhin als Bundesgenosse der Briten, obwohl er zeitweilig so kühn war, im Namen des Moguls die Wiederaufnahme der Tributzahlung von ihnen zu verlangen. Er arbeitete auch mit dem führenden Minister in Puna, Nana Phadnavis, zusammen, und noch einmal erschien die Marathenkonföderation als einige Macht.

Als Cornwallis 1793 Indien verließ, übernahm John Shore, langgedienter Verwaltungsfachmann Bengalens, vorübergehend das Amt des Generalgouverneurs, und da die Außenpolitik nicht seine Sache war, ließ er es geschehen, daß es zu einem Umsturz der Bündnisse kam und Tipu sich mit den Marathen gegen den Nizam verband, den sie, weil die Briten neutral blieben, gemeinsam besiegten, so daß er nicht übel Lust hatte, sich seinerseits mit ihnen und den Franzosen gegen die Briten zu verbünden, eine gefährliche Konstellation, die leicht das Ende der britischen Herrschaft in Indien hätte bedeuten können. In dieser Situation wurde Wellesley zum neuen Generalgouverneur ernannt. Er war zuerst als Gouverneur von Madras vorgesehen und hatte sich daher gut auf Tipu vorbereitet, das höhere Amt wurde ihm durch einen Zufall zuteil. Als er in Indien eintraf, war gerade Tipus Botschafter aus Frankreich mit einem kleinen Kontingent französischer Truppen eingetroffen. Napoleon landete zu jener Zeit in Ägypten. Wellesley drängte auf einen raschen Krieg. Das Bündnis mit dem Nizam wurde reaktiviert. Wellesleys Bruder, der spätere Herzog von Wellington, der dann Napoleon bei Waterloo schlug, führte die Truppen des Nizam. Der vierte Mysore-Krieg endete mit Tod und Niederlage

Tipus. Die Briten setzten die alte Hindu-Dynastie wieder ein, die sich dem Kreis der britischen Protektionsfürsten anschloß. Aber der Süden und Westen des Territoriums, das Tipu nach dem vorigen Krieg noch verblieben war, ging nun in britischen Besitz über.

Damit blieben nur noch die Marathen in Puna als letzte Gegner der Briten im Felde. Ihr großer politischer Führer Nana Phadnavis starb im Jahre 1800, und der Peshwa Baji Rao II, Raghunaths Sohn, war nicht mehr in der Lage, die Marathenkonföderation zusammenzuhalten. Im Gegenteil, die Intrigen, von denen er umgeben war, säten Zwietracht in die Reihen der Marathenfürsten. Die Marathen hatten eine längere Gnadenfrist nur dem Umstand zu verdanken, daß Wellesley sich nicht für das Hochland und die westindische Küste interessierte und sogar die Abschaffung der Präsidentschaft Bombay empfahl, ein Vorschlag, den Cornwallis auch schon einmal gemacht hatte. Britischer Expansionsdrang an dieser Küste war vor allem auf die privaten Händler zurückzuführen, die die Machtmittel der Gesellschaft einsetzen wollten, um sich den Zugriff auf wichtige Rohstoffgebiete, wie zum Beispiel die Baumwollfelder Gujarats, zu sichern. Der Griff nach Gujarat begann, als der Gouverneur von Bombay 1800 Surat annektierte. Diese Politik wurde in den folgenden Jahren systematisch weitergeführt, bis auch die Konfrontation mit den Marathen nicht mehr zu vermeiden war, die nach mehreren kriegerischen Auseinandersetzungen schließlich 1818 endgültig geschlagen wurden. Die mit den Briten verbündeten Marathenfürsten von Gwalior, Baroda und Indore durften unter britischem Schutz weiterregieren, aber Puna blieb in britischer Hand, und die Peshwa-Dynastie wurde ausgelöscht, ihr Klan der Chitpavan-Brahmanen blieb den Briten noch über ein Jahrhundert verdächtig und gefährlich.

Als auf diese Weise die Konsolidierung der britischen Territorialmacht in Indien nahezu abgeschlossen erschien, entstand in der ersten Teilregion der Nordebene, im Panjab, der Sikh-Staat des Maharaja Ranjit Singh, der noch einmal zu einer bedeutenden Herausforderung der britischen Macht werden sollte. Der

Aufstieg Ranjit Singhs stand in unmittelbarem Zusammenhang mit dem Niedergang des Afghanenreiches, das sich 1761 bei Panipat als so mächtig und überlegen erwiesen hatte, aber bereits 1809 völlig zusammenbrach. Ähnlich wie Haider und Tipu versuchte Ranjit die militärischen und technischen Errungenschaften der europäischen Mächte zu übernehmen. Als Organisationselement konnte er auf die von den Führern der Sikh-Sekte in ihren langen Auseinandersetzungen mit den Großmogulen ausgeprägte militärische Formation der Sekte zurückgreifen. Solange Ranjit Singh lebte, konnte er diesen einzigartigen Staat erhalten, mit seinem Tode im Jahre 1839 begann der Niedergang. In zwei Kriegen besiegten die Briten die Sikhs und fügten 1849 das reiche Fünfstromland als letztes Glied in die Kette ihrer Eroberungen ein.

5.3. Der Aufbau der britisch-indischen Verwaltung

Die britische Durchdringung Indiens, die nahezu ein Jahrhundert gebraucht hatte, blieb als differenzierendes Element für die weitere Geschichte Indiens von großer Bedeutung. Nicht nur die rein zeitliche Differenz in der Besitznahme der einzelnen Provinzen, auch der Wandel der Verwaltungsmethoden in den verschiedenen Epochen der Durchdringung spielte dabei eine Rolle.

In Bengalen trafen die Briten auf eine von den Nawabs abgewandelte Variante der Mogulverwaltung. Jagirdars, d. h. Beamte, die das Steueraufkommen ganzer Bezirke anstelle eines Gehalts zugewiesen bekamen, gab es hier nicht mehr. Steuerpacht als Mittel der Steuereinziehung war schon von den Nawabs praktiziert worden. Auch die Methode, die Steuerpacht an den Meistbietenden zu versteigern, war bereits bekannt. Die Briten erprobten unter Hastings diese Methoden. Cornwallis führte dann eine permanente Grundsteuerveranlagung ein (Permanent Settlement), mit der sich die Briten dazu verpflichteten, die einmal festgesetzten Steuersätze nicht zu erhöhen und den

Wertzuwachs durch Intensivierung der Landwirtschaft dem Grundherrn zu belassen. Man erwartete davon eine Förderung der Landwirtschaft, mußte aber erleben, daß bald eine mehrfache Unterverpachtung einsetzte. Es bildeten sich auf diese Weise in Bengalen etliche Schichten größerer und kleinerer Grundrentner. Die Selbstbeschränkung des Staates auf diesem Gebiet prägte auch die Verwaltung, die hier nur mit den obersten Grundherren in Berührung war. Anders als mit der Steuerverwaltung stand es jedoch mit der Gerichtsbarkeit. Bereits unter Hastings und Cornwallis hatten die Briten das einheimische Rechtswesen weitgehend abgelöst und durch britische Instanzen ersetzt. Cornwallis hatte auch dafür gesorgt, daß die Gehälter der britischen Beamten erhöht wurden und sie nicht mehr vom privaten Handel und der Korruption abhingen, die bei den minimalen Gehältern der Ostindiengesellschaft zum selbstverständlichen Nebenerwerb oder eigentlich Haupterwerb jedes Angestellten gehörten. In wenigen Jahren war so in Bengalen eine aus Angestellten einer Handelsgesellschaft zusammengewürfelte Territorialverwaltung in einen ordentlichen Beamtenapparat verwandelt worden, eine Entwicklung, die übrigens in vieler Hinsicht der Entstehung eines solchen Apparates in europäischen Ländern voraus war.

In der Präsidentschaft Madras setzte die Territorialverwaltung erst mehrere Jahrzehnte später ein, und hier übernahm man das Erbe Tipus. Haider und Tipu hatten sich an der Mogulverwaltung ein Beispiel genommen, sie aber nicht zu einem Steuerpachtsystem fortentwickelt wie die Nawabs von Bengalen, sondern die Direktveranlagung (zabt), die die Großmoguln in den Gebieten anwendeten, die zu ihrer unmittelbaren Verfügung standen, in Südindien eingeführt. Das sogenannte Ryotwari-System der Briten in Madras entsprach dieser Tradition. Es bedeutete ein wesentlich stärkeres Engagement in der Verwaltung als in Bengalen und die Notwendigkeit zur Zusammenarbeit mit den untergebenen indischen Steuerbeamten, die aufgrund ihrer Sach- und Ortskenntnisse ihre britischen Vorgesetzten in vieler Hinsicht manipulieren konnten. In der Präsidentschaft Bombay wurde später ein ähnliches System eingeführt. In Nordindien und vor allem im Panjab veranlagte man vorzugsweise ganze Dörfer oder den Besitz größerer Grundherren. Nirgendwo außerhalb Bengalens und dem Norden der Präsidentschaft Madras wurde jedoch die Steuerveranlagung auf die Dauer festgelegt, sondern eine periodische Neuveranlagung meist im Abstand von 30 Jahren durchgeführt. Damit wurde sichergestellt, daß der Staat den Wertzuwachs abschöpfen konnte. Es bildeten sich daher in anderen Provinzen auch nicht so viele Schichten von Grundrentnern wie in Bengalen. Um diese Abschöpfung hatten sich bereits die Großmogulen bemüht; die britischen Beamten konnten sich dabei auch noch auf die Wirtschaftstheorien Ricardos berufen. Oft setzten sie die Steuerveranlagung dabei zu hoch an, und im Unterschied zu früheren Regimen, die nicht in der Lage waren, die veranlagten Steuern voll und ganz einzuziehen, arbeitete die britische Verwaltungsmaschinerie auch in dieser Beziehung mit unerbittlicher Präzision.

Die Briten waren die ersten Herrscher Indiens, die es vermochten, das riesige Land unter die einheitliche Verwaltung festbesoldeter Beamten zu stellen, die jederzeit versetzbar waren und sich keine regionale Hausmacht aufbauten. Eine rationale Bürokratie bürgerlich-kapitalistischer Herkunft wurde einer alten Agrargesellschaft aufgestülpt und beutete diese rücksichtslos aus. Auch die einheimischen feudalen Machthaber hatten, so gut sie es konnten, diese Gesellschaft ausgebeutet, aber ihre Einkünfte wieder im Lande ausgegeben und Kunst und Handwerk gefördert. Die neuen Herrscher gaben wenig im Lande aus, sondern transferierten ihre Einkünfte ins Mutterland und dies um so mehr, als sie das Land befriedet hatten und damit auch nicht mehr viel für die Kriegführung im Lande aufzuwenden brauchten.

Von dieser direkten Herrschaft der Briten blieb etwa ein Drittel des Landes ausgespart, das weiterhin von einheimischen Fürsten regiert wurde. Dies waren jedoch mit nur wenigen Ausnahmen die ärmeren Gebiete des Landes, und sie waren in ihren außenwirtschaftlichen Beziehungen völlig von den Briten abhängig. Ihre innere Ordnung wurde weitgehend von einem britischen Residenten bestimmt, der den Fürsten beriet und mit Hilfe einer britischen Garnison dafür bürgte, daß der Fürst diese Ratschläge auch befolgte. Die besonderen Umstände der britischen Durchdringung Indiens führten daher zu einem Nebeneinander von direkter und indirekter Herrschaft, das auch für die zukünftige Entwicklung Indiens von Bedeutung war.

5.4. Fremdherrschaft, Tradition und Kollaboration

Die britische Herrschaft in Indien war und blieb so fremd wie keine Herrschaft je zuvor. Gewiß bemühten sich die neuen Herrscher um ein Verständnis der einheimischen Tradition und bedienten sich zunächst auch der von den Großmogulen eingeführten persischen Verwaltungssprache, aber sie indisierten sich nie, hielten ständig die Verbindung zum fernen Mutterland aufrecht und folgten in allen wesentlichen Fragen den Befehlen, die von dort an sie ergingen. Die Kollaboration der Inder mit den neuen Herren konnte daher nur zu einer einseitigen Assimilation führen und nicht zu einer Integration oder Symbiose. Die indischen Kollaborateure versuchten die Impulse, die von den neuen Herren ausgingen, zu verstehen und zu deuten und für ihre Zwecke zu nutzen. Dabei waren ihnen Handelsinteressen und Machtpolitik noch am ehesten verständlich, während ihnen der Hintergrund der wirtschafts- und rechtspolitischen Maßnahmen, die von einer ihnen völlig fremden Gesellschaft abgeleitet waren, zunächst dunkel bleiben mußte.

Die Briten des 18. Jahrhunderts waren noch nicht von der sozialdarwinistischen Überheblichkeit des späteren Imperialismus durchdrungen, sondern sahen ihre Aufgabe in Indien im ungebrochenen Selbstvertrauen der Aufklärung und der zu jener Zeit kursierenden politischen Ideen. Typisch für diese Zeit waren zum Beispiel die Pläne des ehrgeizigen Gegenspielers Hastings', des Ratsmitglieds Philip Francis, der bereits vor Cornwallis die permanente Grundsteuerveranlagung forderte und sie in einem größeren Zusammenhang sah, der freilich später völlig in Vergessenheit geriet. Francis hatte von den Physiokraten die Lehre übernommen, daß die Quelle des Reichtums allein der Boden sei und dieser daher auch zum Gegenstand einer einfachen und direkten Besteuerung gemacht werden müsse, während alle anderen Steuern und Zölle abzuschaffen seien. Er wollte ferner den Export der Manufakturen Bengalens fördern und bezog sich dabei auf merkantilistische Ideen, plädierte aber zugleich auch für den Freihandel und wünschte, daß der monopsonistische Einkauf bengalischer Güter durch die Ostindiengesellschaft aufhören und sie diese auf einem freien Markt erwerben solle. Er hoffte, auf diese Weise eine Wirtschaft zu begründen, in der Grundherren, die mit einer unveränderlichen Besteuerung rechnen konnten, eine wachsende Agrarproduktion betrieben, auf deren Grundlage sich dann ein blühendes Manufakturwesen erheben könne, das einen weder durch Zölle noch andere Einschränkungen behinderten Handel belebe, aus dem dann die Gesellschaft mäßig aber regelmäßig durch Ausfuhr der besten Güter und nicht von Edelmetallen ihren Tribut nach England senden könne, ohne je die Quelle des Wohlstandes versiegen zu lassen. Die Realitäten sprachen gegen diesen Plan. Die permanente Steuerveranlagung wurde zwar eingeführt, aber nicht die anderen Maßnahmen getroffen, in deren Rahmen sie ihren Sinn haben sollte. Die Gesellschaft sah sich sogar gezwungen, Zölle und andere Steuern zu erhöhen, gerade weil sie sich auf dem Gebiet der Grundsteuer in Bengalen festgelegt hatte und bald darauf größere Ausgaben für die Kriegführung im Süden auf sie zukamen. Die Sachzwänge der Eroberung und Ausbeutung setzten sich gegen alle anderen großartigen Pläne immer wieder durch, eine Tatsache, die auch den indischen Beobachtern deutlich wurde.

Ein Gebiet, auf dem die Briten einen scheinbar rein altruistischen Beitrag zur Befriedung und Ordnung der indischen Gesellschaft machten, war das weitverzweigte Gerichtswesen. Doch dieses Gerichtswesen wurde so angelegt, daß es sich durch seine

Gebühren nicht nur selbst tragen konnte, sondern darüber hinaus noch zusätzliche Einkünfte für den Staat bzw. die Ostindiengesellschaft einbrachte. Man kann sagen, daß das Recht einer der am besten verkauften Importartikel der neuen Herrscher war. So fremd wie die Herrschaft war auch dieses Recht, das durch Richter, die in den unteren Instanzen gar keine Juristen waren, nach Präzedenzfällen des Mutterlandes kurzerhand auf Indien übertragen wurde. Hervorragende Rechtsgelehrte wie Sir William Jones, Richter des obersten Gerichtshofes in Kalkutta, versuchten die einheimische Rechtstradition zu wahren. Sie ließen zu diesem Zweck dieses Recht von einheimischen Gelehrten kodifizieren, aber brachen gerade damit die Tradition, die aus der Vermittlung lebte und durch eine einmalige Festlegung erstarren und damit unbrauchbar werden mußte. Traditionelle Rechtsprechung war immer ein Kompromiß, der sich aus der Notwendigkeit ergab, überkommenen Regeln dadurch weitere Geltung zu verschaffen, daß man ihre Befolgung ermöglichte. Dazu mußte man Lebenszusammenhang und Machtverhältnisse richtig einschätzen. Die fremden Herren aber verlangten nach eindeutigen Gebrauchsanweisungen und waren bereit, sie mit ihrer unangefochtenen Macht zu sanktionieren. Sie „veröffentlichten" die Rechtstradition und setzten damit ihrer „Vermittlung" ein Ende. Der Kodex des einheimischen Rechts stand in der Amtsstube des fremden Richters, der damit dieses Recht im Griff hatte, ohne es verstehen und angemessen interpretieren zu müssen.

Die Kollaborateure fügten sich in diese Ordnung ein. Sie halfen, das System im Volk zu verankern. Zunächst hatten die Briten mit den Dolmetschern in den Häfen, den Geldverleihern und Mittelsmännern zusammengearbeitet. Aber in dem Maße, in dem sie die Territorialherrschaft übernahmen, wurden sie auch zu Patronen derer, die schon seit eh und je auf Patronage der herrschenden Mächte angewiesen waren und ihnen die Regierungsgeschäfte besorgt hatten. Das waren in erster Linie die Brahmanen und die Schreiberkaste der Kayasthas in Nordindien, die schon dem Mogulregime gute Dienste geleistet hatten. Es kam hinzu, daß die Hindus die Briten als willkommene Erlöser von der Muslimherrschaft begrüßen konnten und daher noch kollaborationswilliger waren, als sie es ohnehin gewesen wären. Genau wie zuvor unter der Muslimherrschaft konnten die Brahmanen den neuen Herren keine religiöse Legitimation verschaffen, aber ihnen doch durch ihre Kollaboration die Wege ebnen.

Die Kollaboration führte bald auch zur Übernahme westlicher Bildungsinstitutionen, in denen sich die jungen Inder nach dem Vorbild der Herrscher auf Karrieren im britisch-indischen Dienst oder als Anwälte und Lehrer vorbereiten konnten. Das Hindu College in Kalkutta, gegründet 1817, war die erste berühmte Institution dieser Art. Es wurde von privater Seite errichtet, und unter seinen Gründern waren Reformer wie Raja Ram Mohan Roy und konservative Gelehrte wie Raja Radhakanta Deb, die sich darin einig waren, daß die junge Generation Englisch lernen müsse, um in dem neuen System eine angemessene Rolle spielen zu können. Bald begann dann auch die britisch-indische Regierung mit der Förderung eigener Bildungsinstitutionen, den Government Colleges, von denen das Presidency College in Kalkutta und das Elphinstone College in Bombay zu den ältesten und berühmtesten gehören.

In Regierungskreisen kam es in diesem Zusammenhang zu einer Kontroverse zwischen „Anglizisten" und „Orientalisten", d. h. zwischen jenen, die den Indern eine moderne Bildung in englischer Sprache vermitteln wollten, und jenen, die die Pflege des traditionellen Arabisch, Persisch und Sanskrit betonten. Die anglizistische Seite gewann die Oberhand, und zwar in so starkem Maße, daß Justizminister Macaulay 1835 jene berühmten Worte prägen konnte, nach denen es Ziel der neuen Bildung sei, Menschen heranzuziehen, die Inder nur noch dem Blute nach, aber britisch in Geschmack und Denkart seien. In stolzer Überheblichkeit verkündete Macaulay, daß die gesamte orientalische Literatur kaum ein Bücherregal einer europäischen Bibliothek aufwiege, und war daher sicher, daß die neue Bildung den jungen Indern unendlich viel mehr geben könne als ihre eigene

Tradition. Macaulay gab so die Losung einer geistigen Fremdherrschaft aus, die die Briten dann ebenso erfolgreich errichteten wie zuvor die Territorialherrschaft.

Die Ausbreitung dieser geistigen Fremdherrschaft folgte dem Muster der Territorialherrschaft. Sie war natürlich am intensivsten in Bengalen und strahlte dann auch von Bombay und Madras aus. In Kalkutta, Bombay und Madras wurden 1857 auch die ersten indischen Universitäten errichtet, die ähnlich wie die Universität London Colleges affilierten und für die Standardisierung der Examina verantwortlich waren. Die alte indische Bildungstradition trat gegenüber dieser standardisierten neuen Bildung völlig in den Hintergrund. Daher ist das Paradoxon verständlich, daß die Inder späterer Generationen erst von europäischen Indologen ein neues Selbstverständnis der eigenen Tradition bezogen, nachdem sie im Geiste Macaulays erzogen worden waren und warten mußten, bis die orientalische Literatur in Übersetzungen und Editionen die Bücherregale europäischer Bibliotheken füllte, die der Meister zum Maßstab anerkannter Qualität erklärt hatte.

6. DER FREIHEITSKAMPF
UND DIE TEILUNG INDIENS

6.1. Die Entstehung des indischen Nationalismus

Die neue indische Bildungsschicht, Produkt der territorialen und geistigen Fremdherrschaft der Briten, wurde zum Träger des Nationalismus, der schon vor der Mitte des 19. Jahrhunderts Gestalt annahm. Im Hindu College, Kalkutta, lehrte um 1830 der junge Dichter Henry De Rozio, halb Inder, halb Europäer, beseelt von einem glühenden Freiheitsdrang, den er seinen begeisterten Studenten vermittelte. Ram Mohan Roy, Gründer des reformerischen Brahmo Samaj, forderte eine Verbesserung der verfassungsrechtlichen Stellung der Inder und reiste 1833, als das Parlament wieder einmal über die Erneuerung der Privilegien der Ostindiengesellschaft beschließen mußte, nach London, um dort seine Forderungen vorzutragen. Dwarkanath Tagore, der Großvater Rabindranath Tagores, brachte 1843 aus Europa den Agitator George Thompson mit, der sich in der Kampagne zur Abschaffung der Sklaverei in England einen Namen gemacht hatte, damit er die Inder die Kunst der politischen Agitation lehren möge. Aber nicht nur in Kalkutta regte sich der neue Geist, auch in Bombay und Puna machte er sich bemerkbar. Gopal Hari Deshmukh, genannt Lokhitwadi, ein junger Journalist, schrieb dort schon 1849, daß Indien dem Beispiel Amerikas folgen und gegen die britische Herrschaft rebellieren müsse, wenn die Regierung nicht entsprechende Reformen einführe. Die Reformen, an die man damals dachte, waren eine Beteiligung der Inder an der Gesetzgebung, eine Zulassung zum höheren Verwaltungsdienst und eine Senkung der Steuern. In Kalkutta, Madras und Bombay bildeten sich vor 1853, als die Ostindiengesellschaft wieder auf der Tagesordnung des Parlaments stand,

Vereinigungen, die entsprechende Petitionen an das Parlament richteten.

Dieser ersten Phase des indischen Nationalismus wurde durch den großen Aufstand von 1857 ein Ende gesetzt, und seine weitere Entwicklung wurde dadurch um Jahrzehnte verzögert. Radikale Nationalisten einer späteren Zeit haben diesen Aufstand gern als Unabhängigkeitskrieg gepriesen, doch die zeitgenössischen Nationalisten dachten ganz anders, sie fürchteten die Wiederkehr des Chaos, das vor der Konsolidierung der britischen Herrschaft geherrscht hatte und sympathisierten nicht mit den meuternden Soldaten und Grundherren Nordindiens. Hätten diese gesiegt, so hätten sie ein Regime wiederhergestellt, das keine Verwendung für die neue Bildungsschicht hatte. Doch der Aufstand war von vornherein zum Scheitern verurteilt, da es ihm an jeder Koordination und Führung fehlte. Unmittelbarer Anlaß war die Annektionspolitik des Generalgouverneurs Dalhousie, der bereits mehrere Fürstenstaaten wie heimfallende Lehen behandelt und in die britisch-indischen Provinzen eingemeindet hatte und 1856 auch den Nawab von Oudh wegen angeblicher Mißwirtschaft absetzte. Oudh aber war die Heimat vieler Söldner, die in der britisch-indischen Armee dienten und gemeinsame Sache mit den Grundherren Nordindiens machten, die unter den rigorosen britisch-indischen Steuergesetzen litten, welche bewirkten, daß viele von ihnen ihren Besitz verloren, weil dieser zwangsversteigert wurde, wenn sie Steuerrückstände nicht pünktlich bezahlten. Die Bauern schlossen sich ebenfalls den alten Grundherren an, weil sie die neureichen Spekulanten haßten, die den Besitz bei solchen Zwangsversteigerungen billig erworben hatten. Vorübergehend war die britische Herrschaft in Nordindien ernsthaft bedroht, aber da es sich um ein regional begrenztes Phänomen handelte und dazu noch die Sikhs des Panjab, die vor wenigen Jahren mit Hilfe der Soldaten, die jetzt meuterten, besiegt worden waren, nur zu gern diese Scharte auswetzten, gelang es den Briten, den Aufstand rasch niederzuschlagen.

Der Aufstand hatte mehrere weitreichende Konsequenzen.

Zunächst war er der unmittelbare Anlaß dafür, daß die Ostindiengesellschaft abgeschafft und Indien der Krone unterstellt wurde, der Generalgouverneur war von nun an Vizekönig, und das britische Kabinett erhielt einen Indienminister, der dem Parlament gegenüber verantwortlich war. Eine weitere Folge war, daß die britisch-indische Regierung ihren reformerischen Elan verlor und sich konservativ auf die Wahrung des status quo einstellte, das bedeutete auch, daß die noch bestehenden Fürstenstaaten erhalten wurden und eine grundherrenfreundliche Politik betrieben wurde. Ferner vergaßen die Briten die Ausschreitungen der Aufständischen nicht und betrachteten fortan alle Inder mit einem gewissen Mißtrauen. Das belastete auch ihr Verhältnis zur indischen Bildungsschicht, die sich zwar von diesem Aufstand deutlich distanziert hatte, deren Aspirationen nun aber auch suspekt wurden. Die Nationalisten, denen der Aufstand ebenso unheimlich war wie den Briten, verstummten in dieser gespannten Atmosphäre.

Erst eine neue Generation, für die der Aufstand allenfalls noch eine Kindheitserinnerung war, wagte es wieder, das Wort zu ergreifen. Die alten Probleme, Beteiligung der Inder an der Gesetzgebung und am höheren Verwaltungsdienst und die Senkung der Steuern, standen wieder zur Debatte. Hinzu kam nun auch noch die Kritik an der britischen Expansionspolitik in Afghanistan und Burma und den damit verbundenen hohen Militärausgaben und an der aufwendigen Finanzierung der Eisenbahnen, für die auf Kosten des indischen Steuerzahlers Gewinnbürgschaften übernommen wurden, die den Gläubigern in England zugute kamen. Honoratioren der Bildungsschicht aus allen Teilen Indiens fanden sich schließlich im Nationalkongreß zusammen, der 1885 zum erstenmal in Bombay abgehalten wurde, im nächsten Jahr in Kalkutta stattfand und in den folgenden Jahren im ganzen Land die Runde machte.

Die führenden Köpfe des Nationalkongresses waren liberale Konstitutionalisten wie Surendranath Banerjea, Herausgeber des ›Bengali‹, Pherozshah Mehta, Parsi-Rechtsanwalt in Bombay, und der Richter Mahadev Govind Ranade, der jedoch als britisch-indischer Beamter nicht an den Sitzungen teilnehmen durfte, weil die Regierung dies den Beamten verboten hatte. Diese Männer strebten eine kontinuierliche Entwicklung Indiens im Rahmen des britischen Weltreiches an. Die Reform des gesetzgebenden Rates des Generalgouverneurs (Imperial Legislative Council) von 1892 kam den Wünschen dieser liberalen Konstitutionalisten entgegen, denn dieser Rat, der schon seit 1861 bestand und einige ernannte indische Mitglieder hatte, wurde nun erweitert und nahm die führenden Köpfe des Nationalkongresses auf, der dadurch an Eigendynamik verlor. Doch inzwischen war eine neue Generation herangewachsen, die diese liberalen Errungenschaften grundsätzlich in Frage stellte und dem indischen Nationalismus einen neuen Inhalt gab, der ihn aber auch mit schwerwiegenden Problemen belastete.

6.2. Traditionalismus und Kommunalismus

Die liberalen Nationalisten, die „Gemäßigten", sahen die indische Nation als Ergebnis eines noch nicht abgeschlossenen Prozesses der Nationsbildung im britisch-indischen Verfassungsrahmen; für die neuen Nationalisten, die bald als „Extremisten" bezeichnet wurden, war die Nation immanent, sie brauchte sich nicht erst zu bilden, sondern mußte nur erwachen und die Fremdherrschaft abschütteln. Um die Nation zu erwecken, wandten sich diese Nationalisten der indischen Tradition zu, die für sie eine Hindu-Tradition war. Doch ähnlich wie die Gemäßigten sich um eine Konstruktion der Nation bemühten, versuchten sie die Tradition so zu rekonstruieren, daß sie ihren Vorstellungen von der Solidarität und Integrität der Nation entsprach. Ihr Traditionalismus war also nicht ein unreflektiertes Fortleben in der Tradition, sondern ein bewußt kultiviertes Selbstverständnis. Der Universalismus und Monismus der Vedanta-Philosophie kam ihnen in dieser Hinsicht gelegen, während das Kastensystem ihnen geradezu peinlich war und zum Gegenstand vieler apologetischer Interpretationen wurde, die nachweisen sollten, daß es und manch andere zweifelhaften Bestandteile der Tradition nur Trübungen einer ursprünglich reinen Idee waren. Swami Vivekananda, der auf dem Weltparlament der Religionen in Chicago im Jahre 1893 Indien vertrat und dort zu Ruhm und Ehren kam, war einer der Hauptvertreter dieses Traditionalismus, und sein Erfolg im Ausland stärkte seinen Einfluß in Indien. Er gehörte der westlichen Bildungsschicht Bengalens an, hatte sich aber dem Mystiker Ramakrishna zugewandt, dessen Paulus er wurde. Im Westen Indiens entsprach seinem Einfluß der des Swami Dayanand Saraswati, der ein traditioneller Sanskritgelehrter aus Gujarat war, sich mit westlichen Ideen auseinandergesetzt hatte und mit seinem Arya Samaj eine vedische Kirche gründen wollte, eine Organisation, die mit der christlichen Kirche in Wettstreit treten konnte. Sah Vivekananda das Heil in der Vedanta-Philosophie der Upanishaden, so verfolgte Dayanand die Tradition zurück bis zu den ältesten Quellen der indischen Religion, den Veden. Er fand ebenfalls unter der Bildungsschicht viele begeisterte Anhänger, so begegnet uns Lokhitvadi, der bereits 1849 kühne nationalistische Ideen verkündet hatte und dann lange Zeit verstummte, später als Gefolgsmann Dayanands wieder. Seine größte Gefolgschaft fand Dayanand aber im Panjab. Dort war natürlich erst nach der Annektion von 1849 und damit gesamtindisch gesehen sehr verspätet eine westliche Bildungsschicht entstanden, die, der Mentalität dieser Region entsprechend, die kraftvoll und polemisch vorgetragene Botschaft Dayanands besonders anziehend fand.

Die europäische und ganz besonders die deutsche Indologie, vertreten vor allem durch den in Oxford lehrenden Friedrich Max Müller, den Übersetzer des Rig-Veda und Herausgeber der großen Serie "Sacred Books of the East", wurden von den indischen Intellektuellen, die sich in diesem Sinne auf ihre eigene Tradition besannen, als Zeugin angerufen, die den überheblichen Kolonialherren die Ebenbürtigkeit, ja die Überlegenheit der indischen Kultur beweisen konnte. Die indische Historiographie stand ebenfalls im Dienst dieses neuen Nationalismus. Die alte indische Geschichte wurde als goldenes Zeitalter empfunden und späteren Epochen des Verfalls und der Fremdherrschaft gegenübergestellt.

Die Betonung des alten Indien und der Hindu-Tradition bedeutete zwar eine neue Eigenständigkeit und eine Abkehr von Macaulays Ideal, aber zugleich trennte sich hier auch der Weg von Hindus und Muslims. Der Traditionalismus führte zwangsläufig zum Kommunalismus, wie man in Indien den Religionsgemeinschaftsgeist nannte. Die indischen Muslims wurden doppelt auf einen solchen Kommunalismus verwiesen, einerseits durch den Hindu-Traditionalismus, der ihnen vor Augen führte, daß sie keine gemeinsame Geschichte mit den Hindus hatten, und sie dazu anregte um so mehr an die einstige Größe islamischer Herrschaft zu denken, andererseits durch den an sich durchaus liberalen und säkularen Konstitutionalismus, der für sie jedoch bedeutete, daß sie das Los einer Minderheit akzeptieren mußten, der die demokratische Majorisierung durch die Hindu-Mehrheit unausweichlich drohte. Eine Machtprobe ergab sich in Nordindien schon in den letzten Jahrzehnten des 19. Jahrhunderts, als die Hindus sich dafür einsetzten, daß Hindi neben Urdu gleichberechtigte Gerichtssprache werden solle. Die Muslims identifizierten sich mit Urdu, geschrieben in einer der arabischen und persischen ähnlichen Schrift, die Hindus bestanden auf Hindi in Devanagari-Schrift. In den United Provinces of Agra und Oudh, dem heutigen Uttar Pradesh, in denen dieser Streit herrschte, waren die Muslims eine Minderheit, die jedoch eine Mehrheit der einheimischen Verwaltungsschicht stellte. Hier machte sich der Kommunalismus zunächst am deutlichsten bemerkbar. In Bengalen lagen die Verhältnisse umgekehrt, hier war die Hindu-Minderheit dominant, während die Muslim-Mehrheit, die zum größten Teil aus Bauern bestand, sich noch nicht deutlich artikulierte. Aber die Erinnerung an die Muslim-Herrschaft in Bengalen weckte in den Hindus in dieser Zeit der Rückbesinnung auf die eigene Tradition nur negative Reaktionen, die in ihrem Schrifttum Ausdruck fanden und die Muslims verstimmten.

Die Muslims hatten sich lange Zeit der westlichen Bildung verschlossen und waren nun den Hindus gegenüber im Nachteil. Das kam als weiterer Faktor hinzu, der ihren zunächst defensiven Kommunalismus förderte. Syed Ahmad Khan, Richter und Beamter in britischen Diensten, bemühte sich sowohl theologisch als auch pädagogisch darum, den Muslims den Anschluß an die neue Zeit zu erleichtern. Sein Anglo-Muslim College in Aligarh in der Nähe von Agra, später Aligarh Muslim University, wurde zu diesem Zweck gegründet. Er stand den Bestrebungen des Nationalkongresses skeptisch gegenüber und gründete schon 1888 eine United Patriotic Association als Konkurrenzunternehmen, um den Muslims ein eigenes modernes politisches Forum zu schaffen. Diese Tendenz führte schließlich 1906, kurz vor den nächsten britisch-indischen Verfassungsreformen, zur Gründung der Muslim-Liga, die von Aligarh aus gemeinsam mit dem Nawab von Dacca und dem Agha Khan, dem Oberhaupt der Ismaili Khojas, betrieben wurde. Dieser Gründung folgte im nächsten Jahr die der Hindu Mahasabha. Damit hatte sich der Kommunalismus eindeutig artikuliert.

Im selben Jahr, 1907, spaltete sich der Nationalkongreß, weil sich die Spannungen zwischen radikalen Traditionalisten und gemäßigten Konstitutionalisten durch die in Aussicht stehende Verfassungsreform verschärft hatten. Die Gemäßigten hofften auf eine Erfüllung ihrer Reformwünsche und versuchten, den Kongreß deshalb auf eine strikte Parteidisziplin festzulegen und vor radikalen Elementen zu schützen. Die Radikalen, denen die von dem autoritären Vizekönig Lord Curzon vorgenommene Teilung Bengalens Auftrieb gegeben hatte, wollten den Kongreß zu Agitation und Boykott bewegen und verachteten die Verfassungsreform, da für sie eine reformierte Fremdherrschaft nur eine verlängerte Fremdherrschaft bedeutete. Der Führer der Radikalen war Bal Gangadhar Tilak, ein Chitpavan-Brahmane aus Puna, der früher mit Männern wie Ranade zusammengearbeitet hatte, aber dann als überzeugter Vertreter des immanenten Nationalismus hervorgetreten war. Schon 1897 war er wegen aufrührerischer Aufsätze ins Gefängnis geworfen worden, und Max Müller hatte sich in England für seine Freilassung eingesetzt. In den folgenden Jahren war er zum Mentor der radikalen jungen Generation geworden. Er trug wesentlich zur Spaltung des Nationalkongresses bei, wurde 1908 wieder vor Gericht gestellt und zu sechs Jahren Zuchthaus verurteilt. Dieses Urteil führte zum ersten großen Streik der Arbeiter Bombays, der Lenins Aufmerksamkeit erregte, da er glaubte, hier das Erwachen der Arbeiterklasse Asiens zu sehen, eine Erwartung, die ebenso verfrüht und verfehlt war wie Marx' Voraussage, daß die Einführung der Eisenbahn in Indien unweigerlich die rasche Industrialisierung des Landes nach sich ziehen müsse. Tilak, für den die Arbeiter streikten, war kein Arbeiterführer, sondern der Führer einer traditionalistisch gesonnenen Elite, der aber durch seinen persönlichen Mut als politischer Märtyrer Stolz und Mitgefühl weiter Kreise erregte. Er wurde auf diese Weise wesentlich populärer als sein jüngerer Gegenspieler Gopal Krishna Gokhale, ebenfalls ein Chitpavan-Brahmane aus Puna, Schüler Ranades und Gefolgsmann Pherozshah Mehtas, der in London die Gespräche über die Verfassungsreform führte und im konstitutionellen Fortschritt den entscheidenden Faktor der Nationsbildung in Indien sah.

6.3. Ständestaat und parlamentarische Demokratie: Widersprüche der britisch-indischen Verfassungsreformen

Die Verfassungsreform, die zu jener Zeit vorbereitet wurde, trägt die Namen des liberalen Indienministers Lord Morley und des konservativen Vizekönigs Lord Minto. Die Gemäßigten unter den indischen Nationalisten versprachen sich viel von dem Philosophen und Staatsmann Morley, der durch den liberalen Wahlsieg 1906 ins Indienministerium gekommen war und von dem man wußte, daß er aufgrund seiner vorherigen politischen Erfahrung in Irland den Ausgleich mit den Nationalisten suchte, um in Indien ein zweites Irland zu vermeiden. Die Gestalt der Verfassungsreform wurde jedoch von Minto bestimmt, der noch von der vorigen Regierung ernannt worden war und aus seinen konservativen Überzeugungen keinen Hehl machte. Für ihn war die parlamentarische Demokratie für Indien undenkbar, und er ging daher auch bereitwillig auf die Forderungen der Muslim-Liga ein, die eine Vertretung der Muslims durch Wahlen in separaten Wählerschaften wünschten. Dies stimmte mit seinen Plänen überein, für Indien eine Art ständestaatlichen Reichstag zu konstruieren, der der als unparteiischen Schiedsrichter über Religionsgemeinschaften und Interessengruppen erhabenen britisch-indischen Regierung eine breitere Basis geben würde, ohne ihr gefährlich werden zu können. Er überzeugte schließlich auch Morley, der in einer berühmten Rede sagte, daß er nichts mit einer Verfassungsreform zu tun haben wolle, die in Indien die parlamentarische Demokratie einzuführen gedenke.

Die gemäßigten Nationalisten waren von dem Resultat dieser Verfassungsreform, die ihnen 1909 beschert wurde, sehr enttäuscht, beteiligten sich aber im gegebenen Rahmen an der Arbeit in den reformierten Provinziallandtagen und der zentralen Legislative. Als Nationalkongreß und Muslim-Liga sich im Ersten Weltkrieg näherkamen, weil die indischen Muslims für den türkischen Kalifen Partei nahmen, gegen den die Briten Krieg führten, gingen sie ebenfalls von diesen ständestaatlichen Gegebenheiten aus, um gemeinsame Forderungen für eine nach Kriegsende erwartete neue Verfassungsreform zu erarbeiten. Es wurde ein Kompromiß erarbeitet, der nach dem Tagungsort den Namen Lakhnau-Pakt erhielt und auf einem besonderen Verteilungsschlüssel der von getrennten Wählerschaften zu beschickenden Muslimsitze in den Landtagen beruhte. Den Muslims wurde in den Hindu-Mehrheitsprovinzen eine bedeutende Überrepräsentation eingeräumt, während die Muslims dafür in den beiden Provinzen, in denen sie die Mehrheit hatten, in Bengalen und im Panjab, der Hindu-Minderheit eine Überrepräsentation gewährten, die zugleich bedeutete, daß sie selbst allenfalls in Verbindung mit anderen Gruppen (Vertretern von Industrie und Handel, europäische Minderheit etc.) eine Mehrheit bilden konnten. Der Kompromiß war besonders günstig für die Muslims der Diaspora, die auch die aktivsten politischen Führer hervorgebracht hatte. Die Architekten des Paktes waren Tilak, der nach sechsjähriger Haft wieder eine führende Stellung im Kongreß eingenommen hatte, und Mohammad Ali Jinnah, ein junger Muslim-Politiker, der sowohl dem Kongreß als auch der Liga angehörte, betonte, daß sein höchstes Ziel sei, ein Muslim-Gokhale zu werden, und zu jener Zeit als Botschafter der Hindu-Muslim-Einheit gefeiert wurde. Der Herkunft nach ein Ismaili Khoja aus Gujarat, Rechtsanwalt in Bombay, war er der Diaspora-Politiker par excellence.

Der schöne Kompromiß wurde jedoch durch die Wendung, die die britisch-indische Verfassungsreformpolitik bald darauf nahm, ad absurdum geführt. Im August 1917 erklärte Edwin Montagu im Auftrag des britischen Kabinetts, daß "responsible government" das Ziel der nächsten Verfassungsreform sei. Dies bedeutete unmißverständlich die Einführung der parlamentarischen Demokratie mit dem Grundsatz der Verantwortlichkeit der Minister vor Landtagen und Parlamenten. Dieser Grundsatz implizierte zugleich, daß sich solche Minister auf Mehrheitsparteien in diesen Gremien stützen mußten, und damit kam nun solchen Mehrheiten eine Bedeutung zu, die sie in einem ständestaatlichen Reichstag nicht gehabt hatten. Indienminister Montagu bereiste bald nach dieser bedeutenden Erklärung Indien und erarbeitete anschließend mit dem Vizekönig Lord Chelmsford einen Verfassungsplan, der der unmöglichen Aufgabe gerecht zu werden versuchte, unter Beibehaltung der ständestaatlichen Elemente der bestehenden Verfassungsstruktur die Ansätze zur parlamentarischen Demokratie zu schaffen. Die Reformer gestanden selbst in ihrem Bericht, daß separate Wählerschaften für Muslims an sich mit den Prinzipien der parlamentarischen Demokratie völlig unvereinbar seien, daß man sie aber beibehalten müsse, da sie nun einmal gewährt worden seien. Ferner konnte man nicht sofort alle wichtigen Ressorts der Exekutive in indische Hände geben, und in der Zentralregierung war zunächst überhaupt nicht an wesentliche Reformen zu denken. Das Resultat dieser hybriden Reform war die sogenannte

Dyarchie in den Provinzen. Ressorts wie Finanz, Polizei etc. blieben in den Händen unabsetzbarer britischer Beamter, während die Verantwortung für Erziehung, lokale Selbstverwaltung etc. indischen Ministern übertragen wurde, die im Unterschied zu ihren britischen Kollegen absetzbar waren und in den aus verschiedenen Gruppen zusammengestückelten Landtagen Mühe hatten, eine tragfähige Mehrheit zu finden. Es war eine besondere Ironie des Schicksals, daß der unter ganz anderen Voraussetzungen ausgehandelte Kompromiß des Lakhnau-Pakts trotzdem der Sitzverteilung in diesen Landtagen zugrunde gelegt worden war, wobei die Briten freilich einseitig den Muslims in Bengalen zehn Sitze mehr gewährt hatten, so daß der Preis, den die Muslims für ihre Überrepräsentation in den Diaspora-Provinzen gezahlt hatten, ihnen zu einem großen Teil erlassen wurde.

Die imperfekte parlamentarische Demokratie, die den Indern auf diese Weise verordnet wurde, führte dazu, daß von nun an die indischen Nationalisten an keine Alternative zur parlamentarischen Demokratie mehr dachten, sondern in scheinbar sklavischer Abhängigkeit vom britischen Vorbild immer wieder die Verwirklichung der parlamentarischen Demokratie verlangten. Das fand seinen Ausdruck in der Forderung nach "provincial autonomy", d. h. der Bildung rein indischer Ministerien in den Provinzen und nach "Dominion Status" in bezug auf die Struktur der Zentralregierung und ihr Verhältnis zu Großbritannien. Die erste Forderung wurde bei den Debatten um die nächste Verfassungsreform, die sich von 1928 bis 1935 erstreckten, bald als selbstverständlich hingenommen. Meinungsverschiedenheiten gab es nur über die Reform der Zentralregierung. Von konservativer Seite, und hier machte sich vor allem Winston Churchill zum Sprecher einer lautstarken Opposition, wollte man hier gar keine Zugeständnisse machen, Liberale und Labour Party dachten an eine Art Dyarchie in der Zentralregierung. Die indischen Nationalisten verlangten, wie wir noch sehen werden, schon längst die Unabhängigkeit und waren allenfalls bereit, mit dem "Dominion Status" vorlieb zu nehmen, wenn dieser Indien die faktische Unabhängigkeit sicherte, wie Kanada und Australien sie hatten.

In diese Debatten wurde noch einmal ein ständestaatliches Element eingeführt, das in den bisherigen Verfassungsreformen gar keine Rolle gespielt hatte: die Stellung der indischen Fürsten. In den Verträgen, die im 18. Jahrhundert je nach Lage des Kriegsglücks mit ihnen abgeschlossen worden waren, waren sie alle individuell behandelt worden. Seit dem Aufstand von 1857 waren auch keine weiteren Annektionen erfolgt, und die Fürstenstaaten waren sozusagen politische und verfassungsrechtliche Reservate geblieben. Der Nationalkongreß hatte sich ihnen gegenüber auch neutral verhalten, um nicht einen Zweifrontenkrieg führen zu müssen. Wenn aber von einem Dominionstatus die Rede war, mußte auch die Beziehung der Fürsten zum indischen Staatswesen geregelt werden. Eine föderative Struktur bot sich an. Um den Fürsten den Beitritt zum Bund attraktiv zu machen, sollte ihnen gestattet werden, von ihnen benannte Vertreter in das Zentralparlament zu entsenden. Auf diese Weise konnte man von ihnen zugleich ein konservatives Gegengewicht gegen die Nationalisten erwarten. Doch als die Verfassung (Government of India Act, 1935), das längste Gesetz, das das britische Parlament je verabschiedet hatte, endlich in Kraft trat, konnte der bundesstaatliche Teil nicht wirksam werden, weil die Fürstenstaaten dem Bund nicht beitraten. So blieb es bei der "provincial autonomy", wie es die Konservativen schon immer gewünscht hatten. Das Nichtzustandekommen des Bundesstaates lag nicht zuletzt an der Heterogenität der Interessen der über 500 indischen Fürsten. Einige von ihnen wie Haiderabad, Kashmir, Gwalior und Mysore hatten Territorien, die groß genug waren, um als eigene Bundesstaaten aufgenommen zu werden, andere mußten die Mediatisierung fürchten. Alle zusammen scheuten die finanziellen Verpflichtungen, die die Mitgliedschaft nach sich gezogen hätte. Jene britischen Beamten, die konservative Interessen verfolgten, taten das ihrige, um die Fürsten in ihren Befürchtungen zu bestärken. Das Problem konnte daher erst nach der Unabhängigkeit gelöst werden.

6.4. Der Freiheitskampf unter der Führung Gandhis

Während dieser Verfassungsentwicklung war der indische Nationalismus in eine völlig neue, militante Phase eingetreten, die wesentlich durch den neuen Führer des Nationalkongresses, Mohandas Karamchand Gandhi, geprägt wurde. Gandhi hatte das Erbe Tilaks angetreten. Er war in vieler Hinsicht ein Traditionalist und keinesfalls ein liberaler Konstitutionalist. Aber er unterschied sich in wesentlichen Punkten von den anderen Traditionalisten und hatte mit den Konstitutionalisten gemeinsam, daß er die Nationsbildung als ein Erziehungswerk sah, obwohl er sich die Erziehung nicht von den britisch-indischen Verfassungsreformen erhoffte, die ihn so wenig interessierten, daß er gern darauf hinwies, daß er die Verfassungstexte nicht einmal gelesen habe.

Gandhi war ein Gujarati Bania, ein Angehöriger einer Händlerkaste, der in den kleinen Fürstenstaaten Rajkot und Porbandar, in denen sein Vater Minister war, seine Jugend verbracht hatte. Er stand der Vaishnava-Volksreligion seiner Heimat und nicht der Vedanta-Philosophie der bengalischen Traditionalisten oder dem Veda-Glauben des Arya Samaj nahe.

Nachdem er in London Jura studiert und in Bombay als Rechtsanwalt wenig Erfolg hatte, war er froh, den Auftrag eines Muslim-Händlers anzunehmen, ihn in Südafrika in einer Rechtsangelegenheit zu vertreten. Dort blieb er dann von seinem 24. bis zu seinem 46. Jahr und wurde zum Führer der indischen Minderheit im Kampf gegen rassische Diskriminierung. In dieser Situation entwickelte er seine Strategie des passiven Widerstandes, den er mit einer positiven Bezeichnung „satyagraha" (Festhalten an der Wahrheit) nannte, weil es ihm ja gerade darum ging, die Minderheit aus der Passivität zum mutigen, wenn auch gewaltfreien Einsatz für ihre Rechte zu führen. Diese Strategie versuchte er auch auf Indien zu übertragen. Schon 1908 betonte er in seinem Manifest ›Hind Swaraj‹ den Gedanken der Nichtzusammenarbeit, da die Briten überhaupt nur durch die Mitwirkung der Inder in der Lage seien, das große

Land mit nur etwa 1000 britischen Beamten zu regieren und daher in jeder Hinsicht auf sie angewiesen seien.

Als Gandhi 1915 nach Indien zurückkehrte, wollte er zunächst in Gokhales "Servants of India Society" eintreten, eine Art nationalistischer Orden, der nach dem Vorbild der Jesuiten konzipiert war und dessen Mitglieder sich lebenslänglich verpflichteten, ausschließlich für das politische und soziale Wohl Indiens zu arbeiten. Gokhale starb in diesem Jahr, und seine Nachfolger, die in Gandhi den Radikalen witterten, verwehrten ihm die Aufnahme. Er beschäftigte sich darauf im Alleingang mit einigen lokalen politischen und sozialen Problemen. In Champaran in Bihar trat er für die Bauern ein, die von den Indigopflanzern ausgebeutet wurden, in Khaira in Gujarat für von hoher Grundsteuer bedrückte Bauern, und in Ahmedabad schlichtete er einen Textilarbeiterstreik. Sein Einstieg in die nationale Politik kam erst mit dem sogenannten Rowlatt-Satyagraha von 1919.

Der Name des Richters Rowlatt war verbunden mit einer Gesetzesvorlage der britisch-indischen Regierung, die den Zweck hatte, die nach Kriegsende entfallenden Notstandsgesetze durch eine entsprechende Gesetzgebung zu ersetzen, um der nationalistischen Agitation Herr zu werden, die man nun in steigendem Maße erwartete. Gandhi sah darin ein Zeichen abgrundtiefen Mißtrauens, das die Inder durch ihren Einsatz im Krieg in keiner Weise verdient hatten. Er versuchte nun seine in Südafrika erprobte Strategie anzuwenden. Doch während er in Südafrika mit seiner Gefolgschaft diskriminierende Gesetze gezielt übertreten konnte, boten ihm die Rowlatt-Gesetze keinen solchen Ansatzpunkt, da sie sich nur auf das Prozeßrecht und nicht auf das materielle Recht bezogen. Die Demonstrationen in mehreren indischen Städten zeigten den Erfolg, den die Kampagne dennoch hatte. Im Panjab kam es dabei zu einem gefährlichen Kurzschluß: ein britischer General ließ im Jalianwala Bagh, einem umfriedeten Platz in Amritsar, eine unbewaffnete Menge zusammenschießen. Dieses Massaker erregte in ganz Indien Empörung. Die Briten setzten einen Untersuchungsausschuß ein, der

Nationalkongreß bildete ebenfalls einen Ausschuß, an dem Gandhi maßgeblich beteiligt war. Er sorgte dafür, daß der Bericht dieses Ausschusses sehr sachlich und unterkühlt ausfiel und noch vor dem Bericht des britischen Ausschusses erschien, der dann durch seine Versuche, die Ereignisse im Panjab zu vertuschen, besonders unangenehm auffiel.

Inzwischen war noch eine andere politische Frage in den Vordergrund getreten: die Notlage des türkischen Kalifen, der von den Briten besiegt worden war und nun völlig entmachtet werden sollte. Die indischen Muslims hatten das Schicksal der Türkei schon während des Krieges mit Anteilnahme verfolgt. Khilafat (das Amt des Kalifen) war zum wichtigen politischen Losungswort geworden. Die Erhaltung des religiösen Amtes und der weltlichen Macht des Kalifen waren untrennbar verbunden. Für die indischen Muslims bedeutete diese Anteilnahme zugleich eine Betonung der weltweiten Bedeutung des Islam als Kompensation des Minderheitskomplexes, der sie in Indien befallen hatte. Radikale Agitatoren wie Mohammad Ali und religiöse Denker wie Abul Kalam Azad entfernten sich daher immer mehr von dem Minderheitskonstitutionalismus eines Agha Khan oder Jinnah und suchten das Zusammenwirken mit den Nationalisten nicht im Rahmen des Proporzdenkens, sondern des gemeinsamen Freiheitskampfes.

Diese Tendenz kam Gandhis Bestrebungen entgegen. Er hatte Abul Kalam Azad schon 1917 im Gefängnis aufsuchen wollen, doch hatte die Regierung das nicht zugelassen. Anfang 1920 traf er nun mit Azad zusammen und plante mit ihm eine gemeinsame Kampagne der Nichtzusammenarbeit. Die Muslims bildeten in vielen Orten Khilafat-Ausschüsse. Gandhi und Mohammad Ali reisten durchs Land und predigten den Boykott der Bildungsinstitutionen und Gerichtshöfe etc. Gandhi bemühte sich darum, auch den Nationalkongreß zur Annahme dieses Programmes zu bewegen. Führende Kongreßmitglieder, vor allem die Bengalen, die 1905 nach der Teilung Bengalens bei ähnlichen Boykottversuchen frustriert worden waren, begegneten Gandhis Programm mit Skepsis. Sie beriefen im September 1920 einen

Sonderkongreß in Kalkutta ein, in der Hoffnung, daß sich dort eine Mehrheit für die Ablehnung des Programms finden werde. Doch es wurde mit knapper Mehrheit angenommen. Der erste Punkt, der allgemeines Einverständnis fand, war der Boykott der Wahlen nach der unbefriedigenden Montagu-Chelmsford-Reform, die gerade bevorstanden. Aber daraus ergab sich dann zwangsläufig auch ein Interesse an Gandhis allgemeinem Nichtzusammenarbeits-Programm, denn die Kongreßpolitiker konnten es sich nicht leisten, nach dem Boykott der Wahlen die Initiative denen zu überlassen, die die Wahlen gewonnen hatten und nun das System der Dyarchie praktizierten. Damit hatte Gandhi den Nationalkongreß in der Hand, und am Jahresende auf dem Kongreß in Nagpur gab er der Organisation ein neues Statut, das ihren Charakter wesentlich veränderte und sie zu einem besseren Instrument der Kampagne machte. Es wurde ein ständiger Arbeitsausschuß als Exekutive des Kongresses eingerichtet. Die Regionalkomitees wurden nach Sprachprovinzen neu eingeteilt, und es wurde dafür gesorgt, daß auch die volkreichen Provinzen und die ländlichen Gebiete besser vertreten waren. Der Nationalkongreß war nun nicht mehr eine Jahresversammlung der Honoratioren, sondern eine Agitationsgemeinschaft.

Die Nichtzusammenarbeitskampagne litt jedoch an dem Mangel konkreter Gegenstände, und die Regierung ließ ihr freien Lauf und verhaftete Gandhi nicht. Die Losung „Swaraj (= Selbstregierung) in einem Jahr", die Gandhi in der Begeisterung des Kongresses von Kalkutta im September 1920 ausgegeben hatte, erwies sich bald als sehr voreilig. Schließlich brach Gandhi die Kampagne im Frühjahr 1922 ab, als in dem Dorf Chauri Chaura in Nordindien Polizisten von einer wütenden Menge verbrannt worden waren, ein Anzeichen, daß die Gewaltfreiheit nicht mehr gewahrt werden konnte. Kurz darauf wurde Gandhi verhaftet, und das auch nur, weil man von London aus dazu drängte. Er erhielt dasselbe Strafmaß wie Tilak, blieb aber nicht sechs Jahre in Haft, sondern wurde aus Gesundheitsgründen vorzeitig entlassen. In Indien glaubte damals niemand, daß er später noch eine führende Rolle spielen sollte. Es schien, als habe er seine Mission erfüllt. Sein Programm wurde nicht für zukunftsträchtig gehalten.

Die Kongreßpolitiker beteiligten sich nun an den nächsten Wahlen und zogen in die Landtage und ins Zentralparlament ein. Es zeigte sich, daß agitatorischer Ruhm an der Wahlurne in Erfolg umgemünzt werden konnte. Doch die Frustration in der konstitutionellen Arena machte sich ebenfalls bald bemerkbar. Eine neue Verfassungsreform ließ auf sich warten, und die junge Generation im Kongreß unter Führung von Jawaharlal Nehru und Subhas Chandra Bose schloß sich zu einer Unabhängigkeitsliga zusammen und verlangte, daß der Kongreß sich auf keine weiteren Kompromisse einlassen, sondern sofort die volle Unabhängigkeit fordern solle. Unter Vorsitz von Jawaharlals Vater Motilal Nehru wurde 1928 ein Verfassungsentwurf ausgearbeitet, der den Dominionstatus zum Ziel hatte und das Muslim-Problem durch einen Grundrechtskatalog zu lösen suchte, anstatt die alten ständestaatlichen Sonderregelungen fortzuführen. Jinnah hätte gern wieder einen Pakt abgeschlossen wie zwölf Jahre zuvor und ließ es darüber sogar zu einer Spaltung der Muslim-Liga kommen, wurde aber in seinen Hoffnungen enttäuscht. Doch die Nehru-Verfassung wurde von den Briten kaum beachtet. Der Vizekönig Lord Irwin erhielt schließlich unter großem persönlichen Einsatz vom britischen Kabinett die Erlaubnis anzukündigen, daß der Dominionstatus Ziel der britisch-indischen Verfassungsreform sei, aber er durfte keine konkreten Zusagen machen oder gar Termine erwähnen.

Im Jahre 1930 ging der Nationalkongreß daher in die zweite Agitationsrunde. Die Unabhängigkeitsresolution wurde verabschiedet und Gandhi beauftragt, ein Agitationsprogramm zu entwerfen. Er wählte nach längerer Überlegung das Salzmonopol der Regierung als besten Angriffspunkt. Salz wurde von jedem gebraucht, die Steuereinnahmen der Regierung aus dem Salzmonopol belasteten alle Volksschichten. Das Salzgesetz ließ sich leicht brechen, man brauchte nur am Meeresstrand oder wo immer sich sonst die Gelegenheit bot, ein wenig

Salz zu sieden. Gandhi bereitete die Kampagne propagandistisch gut vor, indem er sich mit einer ausgewählten Schar von Gefolgsleuten auf einen langen Marsch durch Gujarat begab, bis er schließlich am Meeresstrand von Dandi durch Auflesen von Salzkörnern das Gesetz übertrat. Gandhi wurde bald darauf verhaftet, das Salzauflesen und Salzsieden wurde demonstrativ überall im Lande wiederholt. Auf diese Demonstration allein kam es Gandhi an, er hatte diesmal nicht die Erreichung irgendwelcher Ziele innerhalb eines Jahres versprochen.

Im Jahre 1930 fand auch die erste Konferenz am Runden Tisch statt, die die britische Regierung einberufen hatte, um die nächste Verfassungsreform mit den Vertretern Indiens zu diskutieren. Der Kongreß boykottierte diese Konferenz. Aber sie erzielte scheinbar einen gewissen Erfolg, da die Vertreter einiger großer Fürstenstaaten hier die Idee eines Bundesstaates betonten. Die Konferenz schloß mit einer optimistischen Rede des Labour Premierministers Macdonald. Der Kongreß konnte sich daher einen Boykott der für 1931 angesetzten zweiten Konferenz schlecht leisten, andererseits wollte auch die britische Regierung auf eine Teilnahme des Kongresses nicht verzichten. Der Vizekönig Lord Irwin suchte das Gespräch mit Gandhi, und so kam es zum Gandhi-Irwin-Pakt. Gandhi brach die Kampagne des „bürgerlichen Ungehorsams" (Civil Disobedience) ab, Irwin entließ die Gefangenen. Für Gandhi war an diesem Pakt vor allem der Charakter der Gleichberechtigung wichtig. Auch Churchill sah dies so und schimpfte, daß dieser halbnackte aufrührerische Fakir es wagen dürfe, gleichberechtigt mit dem Vertreter des Königs zu verhandeln.

Gandhi nahm an der zweiten Konferenz am Runden Tisch teil, weil er sich in diesem Pakt dazu verpflichtet hatte. Er ging aber nicht nach London, um zu verhandeln, sondern nur, um die Forderungen der indischen Nation vorzutragen. Deshalb ließ er sich als einziger Delegierter vom Kongreß entsenden und verzichtete darauf, eine größere Delegation mitzunehmen. In London wurde er aber doch in die Verhandlungen hineingezogen und dabei völlig frustriert, denn es ging nun in erster Linie um die verfassungsmäßige Sicherung der Minderheiten. Dabei stand nicht nur die Fortführung der separaten Wählerschaften für Muslims zur Debatte, sondern man wollte diese Sicherung auch den Millionen von Parias einräumen, den Unberührbaren, deren politische Führer betonten, daß man von den Kastenhindus nicht erwarten könne, daß sie die Interessen dieser von ihnen unterdrückten großen Minderheit verträten. Der bedeutendste Paria-Führer war Dr. Ambedkar, der sich schon während der Konferenz als wichtiger Gegenspieler Gandhis zeigte, der eine solche weitere Spaltung der politischen Gesellschaft Indiens verhüten wollte.

Die Inder konnten sich auf der Konferenz über diese Fragen nicht einigen, unterschrieben aber eine Verpflichtung, einen Schiedsspruch des Premierministers Macdonald zu akzeptieren. Dieser Schiedsspruch enthielt dann in der Tat das Zugeständnis von separaten Wählerschaften für die Parias, ließ aber die Möglichkeit eines Kompromisses zwischen den betroffenen Parteien offen. Gandhi drohte, sich zu Tode zu fasten. Dieser Entschluß machte überall im Lande großen Eindruck. Tempel, die sie sonst nie betreten durften, wurden den Parias demonstrativ geöffnet. Mit jedem Fastentag wuchs die Spannung. Dr. Ambedkar hatte keine andere Wahl, als zu Gandhi ins Gefängnis zu eilen, wohin er sofort nach seiner Rückkehr aus London gebracht worden war, da er die Kampagne des bürgerlichen Ungehorsams wieder eröffnet hatte. Nach zähen Verhandlungen kam es zum Gandhi-Ambedkar-Pakt, mit dem Ambedkar auf separate Wählerschaften verzichtete und von Gandhi durch das Zugeständnis einer größeren Zahl für Vertreter der Parias reservierter Sitze in den Landtagen und im Zentralparlament entschädigt wurde.

Der wichtigste Unterschied zwischen separaten Wählerschaften und reservierten Sitzen bestand darin, daß bei den ersteren nur Parias für Parias stimmen konnten, während bei den letzteren alle Wähler gemeinsam für die allgemeinen Kandidaten und für die Vertreter der Parias stimmten, so daß der Paria-Kandidat nicht ausschließlich Sonderinteressen vortragen konnte, sondern auch die Unterstützung der Allgemeinheit finden mußte. Praktisch bedeutete das, daß Kongreß-Parias im Wahlkampf den Kandidaten politischer Vereinigungen der Parias überlegen waren.

Die Entschädigung durch eine größere Zahl reservierter Sitze, die Gandhi Ambedkar gewährte, mußte in erster Linie von den Bengalen gezahlt werden, denn in Bengalen gab es eine besonders große Zahl von Parias, wenn sie auch dort nicht als Unberührbare behandelt wurden wie in anderen Provinzen. Die Kastenhindus Bengalens, die bereits durch die Muslimmehrheit bedrängt wurden, konnten sich mit dieser zusätzlichen Belastung nicht abfinden. Es kam dort zu einer Spaltung des Provinzialkomitees des Nationalkongresses.

Jene, die gegen den Schiedsspruch Macdonalds und den auf ihm aufbauenden Gandhi-Ambedkar-Pakt waren, gründeten eine eigene Partei. Die, die im Kongreß verblieben, suchten in einem revolutionären Radikalismus ihr Heil und scharten sich um Subhas Chandra Bose, der zu einem Gegenspieler Gandhis im Kongreß wurde. Bengalen, das einst die Avantgarde des indischen Nationalismus bildete, war nun frustriert und mußte ohnmächtig zusehen, wie die politische Entwicklung über es hinwegging. Man fühlte sich von Männern wie Gandhi und Nehru verraten und verkauft und setzte alle Hoffnung auf Bose, der dieser Führerschaft des Kongresses die Stirn bot.

Nach der Verabschiedung der neuen Verfassung von 1935 wurden im Jahre 1936 Wahlen abgehalten, an denen sich der Kongreß beteiligte, ohne zunächst zu entscheiden, ob er dann auch in den Provinzen, in denen er eine Mehrheit erzielte, die Regierung bilden wolle. Die Wahlen ergaben, daß der Kongreß außer in den Muslimmehrheitsprovinzen überall die Mehrheit gewonnen hatte, er lehnte aber die Regierungsbildung mit dem Hinweis auf die Notstandsbefugnisse der britischen Gouverneure ab, die bedeuteten, daß diese bei jeder ernsthaften Meinungsverschiedenheit mit den Ministern die Regierung wieder selbst in die Hand nehmen konnten. Nach der Ablehnung des Kongresses bildeten die Gouverneure Minderheitenregierungen mit kooperationswilligen Ministern, die kleine Splitterparteien vertraten.

Der Kongreß mußte darauf mit ansehen, wie diese Minister darangingen, das Wahlprogramm des Kongresses zu verwirklichen, also dem Kongreß „die Schau zu stehlen". Gandhi bemühte sich nun, den Gouverneuren ein Versprechen abzunötigen, daß sie von ihren Notstandsbefugnissen keinen Gebrauch machen würden, ein Versprechen, das diese natürlich nicht geben konnten. Schließlich begnügte man sich mit einer privaten Zusage des Gouverneurs von Madras an den dortigen Kongreßführer Rajagopalachari, daß er ihm im Falle einer Regierungsbildung freie Hand lassen werde. Rajagopalachari, der in den 1920er Jahren einer der eifrigsten Verfechter der Fortsetzung der Nichtzusammenarbeitskampagne war, weil damals die Nicht-Brahmanen-Partei die Mehrheit im Landtag hatte, war jetzt an einem solchen Kompromiß dringend interessiert, weil der Kongreß die Nicht-Brahmanen-Partei inzwischen überrundet hatte, aber nun zusehen mußte, wie sie eine Minderheitsregierung bildete. Nach Rajagopalacharis Vorbild wurden dann weitere Kongreßregierungen gebildet.

Die junge Generation um Jawaharlal Nehru stand diesen Regierungsbildungen ablehnend gegenüber, sie wollte kompromißlos das Ethos des Freiheitskampfes wahren. Der Kongreß machte diesem Ethos bei der Regierungsbildung ein merkwürdiges Zugeständnis. Die Minister mußten ihre Kongreßämter aufgeben. Damit sollte angedeutet werden, daß der Freiheitskampf die vornehmste Aufgabe der Organisation blieb, während die Minister sozusagen zum taktischen Einsatz freigestellt wurden, aber dabei den Weisungen der Organisation unterstanden. Praktisch bedeutete es jedoch, daß überall in den Provinzen die Führungsmannschaft die Regierung bildete, während jene, die keine Ministersessel mehr bekommen hatten, mit den Kongreßämtern vorliebnehmen mußten. Regierungschef und Provinzialkongreßpräsident waren nun oft Rivalen. Die innerparteilichen Spannungen im Kongreß, die sich auch nach der Unabhängigkeit oft als Rivalität zwischen „ministeriellem" und „organisatorischem" Flügel artikulierten, nahmen damals ihren Anfang.

Der „organisatorische" Flügel war es auch, der den neuen Kongreßpräsidenten Subhas Chandra Bose unterstützte. Bose hatte in zunehmendem Maße Jawaharlal Nehru als Sprecher der radikaleren Elemente im Kongreß abgelöst, zumal Nehru 1936 und 1937 Kongreßpräsident war und gegen seine eigene Überzeugung bei den Regierungsbildungen Pate stehen mußte. Gandhi hatte ihn in die Verantwortung gestellt, um ihm die Freiheit des radikalen Engagements zu nehmen. Er wollte dies nun auch mit Bose tun, der mit seinem Segen zum Kongreßpräsidenten für 1938 gewählt wurde. Bose maßte sich aber in diesem Amt mehr an, als ihm die alte Garde zugestehen wollte, und er fiel vollends in Ungnade, als er darauf bestand, sich für ein weiteres Jahr zur Wahl zu stellen. Tatsächlich gewann er diese Wahl, aber als Gandhi darauf unumwunden Boses Erfolg als seine eigene Niederlage bezeichnete und daraufhin der Arbeitsausschuß, dem auch Nehru angehörte, geschlossen zurücktrat, wurde Boses zusammengewürfelte Gefolgschaft wankelmütig, und es wurde ein seltsamer Beschluß gefaßt, der Bose dazu aufforderte, einen neuen Arbeitsausschuß zu bilden, wobei er Gandhis Wünsche zu berücksichtigen habe. Gandhi weigerte sich, irgendwelche Wünsche zu äußern und zwang damit praktisch Bose zum Rücktritt. Bose trat zurück, wobei er wohl auf eine Wiederwahl hoffte. Doch diese Hoffnung wurde enttäuscht. Als er kurz darauf zum Provinzialkongreßpräsidenten von Bengalen gewählt wurde und in dieser Eigenschaft gegen Resolutionen des Nationalkongresses, die den Einfluß der Minister auf die Provinzialkongreßkomitees stärken sollte, Demonstrationen organisierte, wurde er seines Amtes enthoben und für mehrere Jahre von allen Kongreßämtern ausgeschlossen.

Die Kontroversen jener Jahre wurden aber bald durch den Kriegsausbruch aufgehoben, der zum Rücktritt der Kongreßministerien führte. Der Vizekönig, Lord Linlithgow, hätte unter Umständen diesen Rücktritt vermeiden können, wenn er auch nur den Schein einer Konsultation gewahrt hätte, ehe er die Kriegserklärung unterzeichnete. Im Kongreß gab es außer dem bereits in Acht und Bann getanen Bose, der die alte Maxime beherzigte, daß der Feind des Feindes ein Freund ist, kaum jemand, der Sympathien für die Achsenmächte hatte. Ein diplomatischer Vizekönig hätte dies genutzt, aber Linlithgow unterschrieb automatisch, weil dies für ihn nach dem britischen Kriegseintritt eine rein protokollarische Formalität war. Der Kongreß glaubte es dann mit seiner Selbstachtung nicht vereinbaren zu können, unter diesen Umständen weiter an der Regierung teilzunehmen.

Später hat man im Kongreß diesen Rücktritt bedauert, denn der Kongreß hatte im Krieg kaum die Möglichkeit, zur agitatorischen Alternative zurückzukehren, gab aber durch den Rücktritt eine wichtige politische Position auf. Damit bereitete der Kongreß den Weg für einen Mann, der bald im Mittelpunkt des politischen Interesses stehen sollte: Mohammed Ali Jinnah. Er hatte sofort nach Kriegsausbruch Kontakt mit der Kongreßführung gesucht, weil er wußte, daß der Kongreß, wenn er die Briten im Krieg unterstützte, eine bedeutende Machtstellung haben würde. Doch als der Kongreß zurücktrat, ließ er die Muslim-Liga dies überall als einen „Tag der Befreiung" feiern.

6.5. *Der Zweite Weltkrieg und die Teilung Indiens*

Der Zweite Weltkrieg war für Indien ein entscheidendes Ereignis. Mehr noch als im ersten Krieg wurde Indien in diesem Krieg zum Arsenal des britischen Weltreiches. Die indische Industrie erhielt dadurch den Anstoß, den ihr die koloniale Wirtschaft bisher nicht geben konnte und auch nicht geben wollte. Der Krieg verwandelte Indien von einem Schuldner in einen Gläubiger Großbritanniens. Die Staatsschuld, deren Berechtigung Generationen indischer Nationalisten in Zweifel gezogen hatten, wurde rasch getilgt, und noch bis 1956 konnte Indien von den Sterlingguthaben zehren, die es sich im Kriege verdient hatte. Über eine Million indischer Truppen kämpfte auf vielen Kriegsschauplätzen, und waren diese Truppen zuvor meist von britischen Offizieren geführt worden, eine Tatsache, die von den

Nationalisten auch oft kritisiert worden war, so gab es auch hier jetzt den entscheidenden Durchbruch: Tausende von Indern erhielten im Krieg ihr Offizierspatent.

Die politische Entwicklung in Indien kam jedoch in dieser Zeit zunächst einmal völlig zum Stillstand. Gandhi organisierte lediglich einen „individuellen Satyagraha" als Protest gegen die britisch-indische Kriegführung. Als erste „individuelle satyagrahis" sandte er Jawaharlal Nehru und Vinoba Bhave aus, den einen als Repräsentanten jener, die sich nur gegen diesen speziellen Krieg wandten, den zweiten als Repräsentanten der grundsätzlichen Pazifisten. Ihnen folgten viele andere, die nur die Losung zu wiederholen brauchten, daß man den Krieg weder mit Geld noch mit Männern unterstützen solle, um sich einen Platz im Gefängnis zu verschaffen. Die Kampagne verlief sehr ruhig. Nach ihrem Ablauf setzte die Regierung die Gefangenen wieder frei. Gandhi hatte diese Kampagne auch gewissermaßen nur als agitatorisches Alibi konzipiert.

Für Jinnah war dagegen jetzt die große Stunde gekommen. Er war kein Agitator, sondern ein Meister des politischen Schachspiels. Von Gandhi, der aus seinem Nachbarort in Gujarat stammte, trennten ihn Welten, eine Tatsache, die schon bei ihrer ersten Begegnung deutlich wurde: Als Gandhi 1915 nach Indien zurückkam und von seinen Gujarati-Landsleuten in Bombay empfangen wurde, hatten diese Jinnah gebeten, eine Begrüßungsansprache zu halten, die er dann auch in geschliffenem Englisch hielt, worauf Gandhi ihn unterbrach und fragte, warum man hier unter Gujaratis nicht Gujarati reden könne. Später kreuzten sich ihre Wege wieder, als Gandhi für die Khilafatbewegung optierte, mit der Jinnah ganz und gar nicht sympathisierte und die sich dann auch als Holzweg erwies, als 1924 die Türken selbst das Amt des Kalifen abschafften. 1929 trafen sich Jinnah und Gandhi bei Lord Irwin; Jinnah hoffte zu vermitteln, aber Gandhi wußte bereits, daß dem Kongreß nur der Weg in die Agitation blieb. Sie sahen sich dann wieder auf der zweiten Konferenz am Runden Tisch und stimmten darin überein, daß die Briten das Pferd am Schwanze aufzäumten, wenn sie erwarteten, daß die Inder die Minderheitenfragen unter sich regeln sollten. Nach dieser Konferenz blieb Jinnah in England und praktizierte dort einige Jahre als Rechtsanwalt. Erst nach Verabschiedung der neuen Verfassung kehrte er nach Indien zurück und versuchte, die Muslim-Liga in den Wahlen von 1936 zum Erfolg zu führen, was ihm jedoch kläglich mißlang. In den Muslimmehrheitsprovinzen kamen regionale Parteien und nicht die Liga zur Regierungsbildung, in den Hindumehrheitsprovinzen hatte sich Jinnah Hoffnungen auf ein Koalitionsangebot des Nationalkongresses gemacht, was in Anbetracht der Wahlerfolge von Muslimkandidaten des Kongresses und der schlechten Resultate der Liga natürlich völlig illusorisch war. Im nachhinein hat man dies oft dem Kongreß und insbesondere Nehru als Unterlassungssünde angekreidet, denn, so heißt es, damals wäre der Ausgleich mit Jinnah noch möglich gewesen, und durch die Abfuhr, die man ihm erteilte, sei er erst in den Separatismus getrieben worden. Doch konnte damals noch niemand ahnen, welche Bedeutung Jinnah und seine erfolglose Liga bald erlangen sollten.

Die entscheidende Weichenstellung war der Rücktritt der Kongreßministerien, der für die Dauer des Krieges das politische Leben in den Hindumehrheitsprovinzen und damit in der Muslim-Diaspora, die Jinnah in erster Linie vertrat, stillegte und ihn dazu zwang, sich den Muslimmehrheitsprovinzen zuzuwenden, in denen die Muslim-Liga bisher keine große Bedeutung hatte. Der wichtigste Konkurrent der Liga war in dieser Beziehung die Unionspartei des Panjab, eine Partei der Muslim- und Hindu-Grundbesitzer. Um diese Partei aufzubrechen und einen Eindruck auf die Muslims des Panjab zu machen, blieb Jinnah nur die Alternative, die Autonomieforderungen dieser Region zu unterstützen, die der Dichter Mohammad Iqbal in einer Präsidentschaftsrede der Muslim-Liga bereits 1930 vorgetragen hatte und die 1933 in der Formel „Pakistan" zusammengefaßt worden waren, einem Akronym, das die Namen des Panjab, der Afghanenprovinz (North West Frontier Province), Kashmirs, Sindhs und Balutschistans enthielt. Auf der Sitzung der Muslim-

Liga von 1940 in Lahore ließ Jinnah daher den Regierungschef des Panjab, Sikander Hyat Khan, eine Resolution einbringen, die diese Autonomieforderungen wiederholte und, obwohl das Wort Pakistan in ihr nicht vorkam, doch bald als „Pakistan-Resolution" in aller Munde war. Jinnah hielt dazu eine Rede, in der er die Zwei-Nationen-Theorie verkündete. Hindus und Muslims, so sagte er, seien zwei verschiedene Nationen nach jeder Definition, die man dem Begriff Nation auch geben mag, eine Redewendung, die es ihm ersparte, sich auf irgendwelche Definitionen einzulassen, die für ihn, vor allem wenn es um die territoriale Abgrenzung ging, sehr problematisch waren. Sikander Hyat Khan merkte erst später, worauf er sich mit dieser Resolution eingelassen hatte, die die Existenzberechtigung seiner Unionspartei in Frage stellte. Noch kurz vor seinem Tode im Jahre 1941 rief er am Ende einer Rede im Landtag „Hände weg vom Panjab!", eine Mahnung, die Jinnah und die Liga aber ganz gewiß nicht zu beherzigen gedachten.

Eine weitere günstige Konstellation ergab sich für Jinnah im Jahre 1942, als das britische Kabinett den Minister Sir Stafford Cripps nach Indien entsandte, um einen Kompromiß mit den politischen Parteien dort auszuhandeln, der den Briten angesichts der in Südostasien rasch vorrückenden Japaner die Unterstützung der Inder sichern sollte. Cripps gehörte der Labour Party an, und Churchill mochte ihn mit dem Gedanken auf die Reise geschickt haben, daß die unvermeidliche Frustration dieser Mission den Kritikern seiner Indienpolitik im Kriegskabinett eine gute Lektion sein werde. Cripps war ein Jugendfreund Nehrus, gab sich bei seiner Ankunft sehr optimistisch und war daher beim Abschied um so mehr verbittert. Er konnte Jinnah als angenehmsten Verhandlungspartner in Erinnerung behalten, weil dieser bekundete, daß er zu jeder Zusammenarbeit bereit sei, wenn der Kongreß auch mitmache. So blieb der Schwarze Peter der Ablehnung des Cripps-Angebotes bei Nehru und Abul Kalam Azad, die als Vertreter des Kongresses die Gespräche mit Cripps führten. Cripps bot die Bildung einer nationalen Regierung für die Kriegszeit und die Unabhängigkeit nach dem Kriege an. Die Verhandlungen scheiterten an der Frage der Kompetenzen eines indischen Kriegsministers in dieser Regierung. Im Interesse der Verteidigung Indiens gegen die Japaner hätte dieser Kriegsminister die indischen Truppen von den Kriegsschauplätzen der Welt abziehen und an den Landesgrenzen einsetzen müssen. Diese Befugnis konnte das britische Weltreich, das diese Truppen überall, aber möglichst nicht in Indien einsetzte, wo man lieber noch amerikanische Truppen stationierte, natürlich nicht zugestehen.

Das Scheitern der Cripps-Mission hätte eigentlich zu einer in diesem Moment propagandistisch besonders günstig wirkenden Erklärung der Achsenmächte führen müssen, zumal sie eine solche Erklärung nichts gekostet hätte. Doch sie blieb aus, weil sich die drei Mächte nicht zu einer gemeinsamen Erklärung aufraffen konnten, obwohl jede Macht glaubte, daß die anderen beiden wohl etwas dergleichen erwarteten. Das Haupthindernis war Hitlers Bewunderung des britischen Weltreiches, die bereits Subhas Chandra Bose in Berlin, wohin er nach abenteuerlicher Flucht aus Indien gelangt war, fast zur Verzweiflung getrieben hatte. Hinzu kam, daß sich Berlin und Rom nicht zu einer einheitlichen Linie bekennen konnten. In Berlin saßen meist bengalische Exilrevolutionäre, in Rom hatte Iqbal Schedai, ein Anhänger der Pakistanidee, das Ohr Mussolinis, der sich gern in der Rolle des Protektors des Islam sah. In Japan waren schließlich verschiedene Ministerien und Waffengattungen sich nicht über die Indienpolitik einig. Die Meinungsverschiedenheiten sollten auch Aufbau und Einsatz der aus Kriegsgefangenen rekrutierten indischen Nationalarmee Subhas Chandra Boses belasten, der 1942 per U-Boot von Deutschland nach Japan gesandt wurde.

In Indien sah sich der Nationalkongreß nach der Ablehnung des Cripps-Angebots dazu gezwungen, wieder die agitatorische Initiative zu ergreifen und vor allem auch den Japanern, mit deren Kommen man rechnete, deutlich zu machen, daß man sich von den Briten distanziere. Zu diesem Zweck verfaßte der Kongreß die "Quit India" (Verlaßt Indien)-Resolution. Der Text der Resolution stammte von Nehru, der mit ihrer Abfassung beauftragt worden war, nachdem ein zu pro-japanisch klingender Entwurf Gandhis nicht seine Zustimmung fand. Gandhi hielt zwar zu jener Zeit eine Rede, in der er die Losung „Tat oder Tod" ausgab, aber er rechnete doch nicht mit der Verhaftung der Kongreßführung, da er wohl annahm, daß die Regierung den proklamatorischen Charakter der Resolution erkenne. Die Regierung hatte aber sogar schon den geheimen Plan, die ganze Kongreßführung nach Südafrika zu deportieren und schlug sofort zu, kaum daß die Resolution gefaßt worden war. Darauf brach eine wilde Rebellion aus, die in erster Linie von den jungen Kongreßsozialisten getragen wurde, die sich nicht unbedingt Gandhis Ideal der Gewaltfreiheit verpflichtet fühlten und in Ermangelung seiner Anweisungen nun auf eigene Faust handelten, Eisenbahnschienen entfernten und Telegrafendrähte abschnitten, Polizeistationen stürmten und einen Monat lang Indien unsicher machten.

Maharashtra, Bihar und Ost-Uttar Pradesh waren die Hauptgebiete dieser „August-Revolution" des Jahres 1942. Dies waren auch die Gebiete, in denen die Congress Socialist Party, die sich 1934 innerhalb des Kongresses gebildet hatte, ihre wichtigste Gefolgschaft hatte. Die Kongreßsozialisten hatten in den 1930er Jahren versucht, mit den Kommunisten in einer linken Einheitsfront zusammenzuarbeiten. Diese Front war aber bald zerbrochen, und nachdem die Kommunisten nach Hitlers Angriff auf die Sowjetunion die Briten im Kriege unterstützen mußten, hatten sich die Wege vollends getrennt. Durch ihren Einsatz in der „August-Revolution" identifizierten sich die Sozialisten mit der nationalrevolutionären Tradition.

Die „August-Revolution" selbst blieb eine Episode, aber sie wurde nach den Kampagnen Gandhis von 1920 und 1930 zum wichtigsten Ereignis politischer Rekrutierung in Indien. Jede dieser Kampagnen führte dazu, daß eine beträchtliche Zahl junger Männer aus normalen bürgerlichen Karrieren ausschieden und sich sozusagen hauptberuflich der Politik verschrieben. Im

Unterschied zur politischen Führung Chinas, die über Jahrzehnte hinweg in erster Linie aus Männern des „langen Marschs" bestand, stand in Indien mit der Generation der „August-Revolution" eine breite Schicht jüngerer politischer Führungskräfte zur Verfügung.

Die „August-Revolution" war freilich das letzte wichtige politische Ereignis der Kriegsjahre in Indien. Danach blieben alle maßgebenden Kongreßpolitiker im Gefängnis. Außerdem wandte sich das Kriegsglück nun wieder den Alliierten zu, und die Briten sahen sich nicht genötigt, weitere Kompromißangebote zu machen.

Jinnah baute in diesen Jahren die Organisation der Muslim-Liga aus und verstärkte seinen Einfluß im Panjab und in Bengalen. Als Gandhi 1944 zu einem Gespräch mit ihm zusammentraf, war die Teilung Indiens bereits vorauszusehen, und die Debatte ging nur noch darum, ob, wie Jinnah meinte, zuerst eine Teilung vollzogen und dann durch Staatsvertrag eine auf einige wenige Kompetenzen beschränkte Konföderation errichtet werden sollte, oder ob, wie Gandhi forderte, ein solcher Staatsvertrag einer Teilung vorauszugehen habe.

Im nächsten Jahr wurde dem Vizekönig Lord Wavell, einem alten General, die Dringlichkeit einer politischen Lösung der indischen Probleme bewußt, denn er sah das Kriegsende mit den unvermeidlichen Begleiterscheinungen von Wirtschaftsrezession und Demobilisierung der heimkehrenden indischen Truppen auf sich zukommen. War im Krieg die Bildung einer nationalen Regierung nicht gelungen und war man schließlich auch ohne sie ausgekommen, so war sie nach Kriegsende unbedingt notwendig. Wavell flog noch vor Kriegsende nach London, um sich die Verhandlungsgenehmigung zu holen. Er berief dann im Juli 1945 eine Konferenz in Simla ein, die die Bildung einer Interimsregierung zum Gegenstand hatte. Die Konferenz scheiterte an Jinnahs Forderung, alle Muslimminister dieser Regierung aus den Reihen der Liga zu stellen.

Wie absurd die Forderung war, wurde noch deutlicher dadurch, daß Abul Kalam Azad als Kongreßpräsident Jinnah in

Simla gegenüberstand. Jinnah setzte mit dieser Forderung alles auf eine Karte. Hätte Wavell auf seine Mitwirkung verzichtet und eine Interimsregierung ohne die Liga gebildet, wäre Jinnah wohl durch die Opposition in den eigenen Reihen zu einem Kompromiß gezwungen worden. Indem Wavell sich Jinnahs Veto beugte, besorgte er dessen politisches Geschäft und stärkte die Solidarität der Liga, das zeigte sich, als der Vizekönig zunächst einmal Wahlen abhalten ließ, bei denen viele unabhängige Muslimpolitiker der Liga zuliefen und die Liga einen überraschend großen Wahlerfolg erzielte.

Jinnahs gewagtes Spiel hatte sich gelohnt. Nun konnte er seine Veto-Politik mit größerem Rückhalt weiterführen. Er wußte, daß sowohl die Briten als auch der Nationalkongreß an einer baldigen Machtübergabe interessiert waren und daher seine Forderungen berücksichtigen mußten. Noch war Jinnahs Stellung aber trotz des Wahlsieges der Liga nicht so stark, wie er es wünschen mochte. Die Unionspartei hatte im Panjab mit Unterstützung des Nationalkongresses noch einmal eine Regierung bilden können, eine Koalition, die Abul Kalam Azad gestiftet hatte und über die Nehru nicht besonders glücklich war, weil die reaktionäre Unionspartei und der wesentlich progressivere Kongreß schlecht zusammenpaßten. Jinnahs Anspruch auf Alleinvertretung aller indischen Muslims wurde jedoch auf diese Weise entgegengewirkt.

Im März 1946 entsandte die neue Labour-Regierung Attlees wieder Sir Stafford Cripps nach Indien, begleitet von dem Indienminister Pethick-Lawrence. Diese "Cabinet Mission" sollte das indische Verfassungsproblem im Einvernehmen mit Kongreß und Liga lösen. Jinnah präzisierte nun seine Forderungen. Bengalen und Assam im Osten, Panjab, Sindh, die Nordwest-Grenzprovinz und Baluchistan im Westen sollten als unabhängiger Staat Pakistan konstituiert werden. Cripps und seine Kollegen stellten ihn vor die Alternative, entweder vor einer solchen Teilung einen Föderationsvertrag abzuschließen oder aber die Abtrennung der Hindumehrheitsbezirke dieser Provinzen hinzunehmen. Die letztere Lösung bedeutete unter anderem, daß

Kalkutta und Westbengalen nicht in Pakistan verbleiben würden. Jinnah sprach verbittert von einem „mottenzerfressenen" Pakistan, das man ihm da zugestehen wolle. Aber die Logik seiner Zwei-Nationen-Theorie verlangte schließlich auch eine solche Abtrennung der Hindumehrheitsbezirke, und er konnte den Briten daher nichts entgegenhalten.

Die "Cabinet Mission" machte noch einen letzten Versuch, die Einheit Indiens — wenn auch als lose Föderation — zu retten. Es wurde ein Zonenplan ausgearbeitet, demzufolge die Muslimmehrheitsprovinzen im Osten und Westen zu zwei Zonen zusammengefaßt wurden, während die Hindumehrheitsprovinzen die dritte bildeten. Jede Provinz sollte die Möglichkeit haben, aus ihrer Zone „hinauszuoptieren" (to opt out). Diese Verlegenheitslösung paßte Jinnah natürlich ganz und gar nicht, denn er wollte nichts von Optionen wissen, sondern sich ein größtmögliches Pakistan von den Briten übereignen lassen, ohne daß die Betroffenen dabei etwas mitzureden hätten.

Die "Cabinet Mission" empfahl ferner die Bildung einer Interimsregierung und die Einberufung einer verfassunggebenden Versammlung. Die britisch-indische Regierung richtete sich nach diesen Empfehlungen. Für die verfassunggebende Versammlung wurden erneut Wahlen abgehalten, die aber nicht, wie der Kongreß immer gefordert hatte, auf dem allgemeinen Wahlrecht beruhten, sondern noch auf der beschränkten Wählerschaft von nur ca. 10 % der Bevölkerung, die sich durch Steuerzahlung oder Schulbildung für dieses Wahlrecht qualifizierten. Der bisherige Trend zum Zweiparteiensystem Kongreß — Liga wurde bei diesen Wahlen noch deutlicher. Fast alle Sitze der separaten Muslim-Wählerschaft wurden von der Liga gewonnen. Die Liga hatte von vornherein verkündet, daß sie nur an den Wahlen, nicht aber an der verfassunggebenden Versammlung teilnehmen werde, da Nehru gedroht habe, diese Versammlung werde sich für souverän erklären und sich über alle britischen Pläne hinwegsetzen. Die Liga boykottierte auch die Interimsregierung, die der Vizekönig mit Nehru als Premierminister jetzt ohne Beteiligung der Liga bildete.

Jinnah war nun gezwungen, zur Agitation überzugehen und verkündete für den 16. August 1946 einen "Direct Action Day". Der bengalische Liga-Führer Suhrawardy nutzte diesen Tag, um in Kalkutta ein großes Blutbad anzustiften, das unter anderem zum Ziel hatte, über eine Million Hindu-Gastarbeiter aus Kalkutta zu vertreiben, so daß diese Stadt vielleicht doch noch Pakistan zugewiesen werden konnte. Die Gastarbeiter flohen und rächten sich an den Muslims in ihrer Heimatprovinz Bihar. Gandhi eilte nach Bengalen und nahm Suhrawardy im wörtlichsten Sinne bei der Hand und zwang ihn, mit ihm gemeinsam die Unruhen zu schlichten. Während die Unruhen noch andauerten, trat die Liga schließlich doch noch in die Interimsregierung ein, betrieb aber dort eine Obstruktionspolitik, wozu sich vor allem das von Liaquat Ali Khan verwaltete Finanzministerium sehr gut eignete. Nehru und Jinnah flogen auf Einladung Attlees nach London, aber auch die Gespräche dort verliefen ergebnislos. Der Kongreß verlangte schließlich die Entlassung der Ligaminister und drohte andernfalls damit, selbst die Regierung zu verlassen. Der Vizekönig Lord Wavell war dieser Situation nicht gewachsen und wurde von Earl Mountbatten abgelöst, der mit dem Auftrag entsandt worden war, die britische Herrschaft in Indien zu liquidieren. Der neue Vizekönig legte ein atemberaubendes Tempo vor, konfrontierte die Politiker mit den administrativen Konsequenzen einer Teilung Indiens, über die sie sich noch keine Gedanken gemacht hatten, und zog den von der britischen Regierung auf Juni 1948 festgesetzten Termin der Unabhängigkeit um ein Jahr vor, so daß Kongreß und Liga überhaupt keine Zeit mehr blieb, miteinander zu streiten. Das Gesetz des Handelns bestimmte jetzt eindeutig Mountbatten, der Feldherr der britischen Südostasienkampagne im Zweiten Weltkrieg, der die Teilung Indiens betrieb, als sei er noch auf dem Schlachtfeld. Er ließ einen Kalender an der Wand befestigen, auf dem mit großen Ziffern die Zahl der Tage vermerkt war, die noch bis zur Unabhängigkeit verblieben, und setzte alle Beteiligten unter einen rigorosen Zeitdruck. Britische Kommissionen demarkierten die Grenzen zwischen Indien und

Pakistan. Die Teilung der Armee und der Staatskasse wurden vorbereitet.

Mountbatten plante, für eine Übergangszeit Generalgouverneur der beiden Dominien Indien und Pakistan zu bleiben. Doch dieser Plan scheiterte an der Forderung Jinnahs, Generalgouverneur von Pakistan zu werden. Sonst wäre Mountbatten noch Zeit geblieben, nach der Unabhängigkeit Konflikte zu lösen. So aber waren die Konflikte unvermeidlich, die sich aus der Vivisektion des Landes ergaben. Im Osten blieb es dabei verhältnismäßig still, aber im Panjab wurden auf beiden Seiten ganze Flüchtlingszüge hingemordet, und in Delhi kam es zu großen Unruhen. Dort ging das Gerücht, die Muslims planten, die Pakistan so nahe gelegene Hauptstadt durch einen Aufstand an sich zu reißen. Gandhi eilte von Kalkutta nach Delhi, um nun auch hier zu vermitteln und die Unruhe einzudämmen.

In dieser Zeit kurz nach der Unabhängigkeit, die für Pakistan am 14. und für Indien am 15. August 1947 verkündet wurde, kam es auch bereits zum Kaschmirkonflikt. Kaschmir war ein Fürstenstaat mit einer Hindu-Dynastie und einer Muslimmehrheit. Die indischen Fürsten waren von Mountbatten kurz und bündig darauf hingewiesen worden, daß mit der Unabhängigkeit auch ihre Verträge mit der britischen Krone hinfällig würden und sie sich einem der beiden Dominien anschließen könnten.

Kaschmir grenzte an beide und hatte daher wie kaum ein anderer Fürstenstaat die Qual der Wahl. In Indien wurden die Fürsten von dem energischen Innenminister Vallabhbhai Patel mediatisiert, wenn ihnen auch beträchtliche Einkünfte belassen wurden. Der Maharaja von Kaschmir durfte hoffen, durch Zögern und eventuelle Fühlungnahme mit Pakistan seine Verhandlungsposition zu verbessern. Als pakistanische Freischärler in Kaschmir einfielen, um ihm die Bedenkzeit abzukürzen, wandte er sich an Indien um Hilfe. Mountbatten, der auf Nehrus Bitte als Generalgouverneur in Indien geblieben war, riet diesem, die Hilfe nur zu gewähren, wenn der Maharaja sich Indien anschloß, Einzelheiten könne man einer späteren Volksabstimmung vorbehalten. Nehru handelte entsprechend. Bald standen sich indische und pakistanische Truppen in Kaschmir gegenüber. Indien rief die Vereinten Nationen an. Während des Kampfes liefen zugleich die Verhandlungen um die Teilung der Staatskasse weiter, aus der Pakistan noch 550 Mill. Rupien als seinen Anteil zu bekommen hatte. Viele indische Nationalisten waren der Meinung, daß man einem Staat, mit dem man sich im Krieg befinde, nicht auch noch dieses Geld aushändigen solle, aber Gandhi, der gegen die Teilung war und sogar das Wort „Pakistan ist Sünde" geprägt hatte, setzte sich nun mit einem letzten großen Fasten dafür ein, daß Pakistan diesen Anteil erhielt. Ein radikaler junger Nationalist, der Chitpavan-Brahmane Nathuram Godse aus Puna, fand dies unerträglich und erschoß Gandhi am 30. Januar 1948 in Delhi.

7. DIE REPUBLIK INDIEN — KONTINUITÄT UND KONFLIKTE

7.1. Regionale Konflikte und globale Friedenspolitik

Der Konflikt mit Pakistan wurde zum bestimmenden Faktor der indischen Außenpolitik und sollte immer wieder die globale Friedenspolitik in Frage stellen, die Jawaharlal Nehru sich und der Nation zum Ziel setzte. Nehru war wie kaum ein anderer Regierungschef der Architekt der Außenpolitik seines Landes, und Nehru verkörperte zugleich das außenpolitische Sendungsbewußtsein des indischen Freiheitskampfes. Nach seiner Ansicht war Asien eine Zone des Friedens, in die erst die Kolonialmächte die Konflikte hineingetragen hatten. Der indische Freiheitskampf war daher nicht nur für Indien von Bedeutung, sondern war der Vorläufer der weltweiten Dekolonisierung, die zur Wiederherstellung des Friedens führen mußte. In diese Weltanschauung paßte ein Konflikt mit Pakistan und später auch mit China nicht hinein. Nehrus globale Friedenspolitik war mit regionaler Machtpolitik nicht vereinbar. Daher unterließ er es auch, eine regionale Außenpolitik zu betreiben, mußte aber erleben, daß seine globale Politik durch die regionalen Konflikte an Glaubwürdigkeit verlor und er schließlich weder auf globalem noch auf regionalem Gebiet langfristig gesehen wirkliche Erfolge verbuchen konnte. Seine Politik hatte dennoch einen großen Rückhalt im indischen Volk, denn sie entsprach der Forderung des von kolonialer Herrschaft befreiten Landes nach Mitbestimmung in der Weltpolitik, sie entsprach dem Willen, vom passiven Objekt zum handelnden Subjekt dieser Politik zu werden. Die globalen Ambitionen einer solchen Politik und das Desinteresse an regionaler Politik waren deshalb verständlich.

Es kam hinzu, daß die Republik Indien sozusagen in den

Kalten Krieg hineingeboren wurde und sich sofort dazu aufgefordert sah, zu diesem weltweiten Konflikt Stellung zu nehmen. Die Stellungnahme erfolgte in einer Politik der Bündnislosigkeit oder besser gesagt der unparteiischen Vermittlung (Nonalignment). Nehru, dem es ja gerade um die Mitbestimmung in der Weltpolitik ging, war nicht für eine passive Neutralität, sondern eine aktive Friedenspolitik, die aber nur möglich war, wenn er sich unparteiisch verhielt. So wandte er sich im Koreakrieg an beide Seiten, und Indien konnte einen gewissen Beitrag zur Lösung dieses Konflikts leisten. Der Rigorismus der amerikanischen Außenpolitik unter J. F. Dulles drängte Indien jedoch in den folgenden Jahren immer stärker an die Seite der Sowjetunion. Der Eintritt Pakistans in das amerikanische Bündnissystem im Jahre 1954 und Chruschtschows und Bulganins triumphale Indienreise 1955 machten diese Situation besonders deutlich.

Indien sah sich durch die amerikanische Bündnismanie jener Jahre in seinen globalen Vermittlungsbemühungen frustriert. So hatte Krishna Menon, Nehrus besonderer Vertrauensmann, auf der Genfer Indochina-Konferenz von 1954 eine besonders aktive Rolle hinter den Kulissen gespielt, und Indien war dazu bestimmt worden, mit Polen und Kanada eine internationale Kontrollkommission zu bilden, die für die Wahrung des Friedens in Südostasien verantwortlich sein sollte. Die Gründung der South East Asia Treaty Organisation (SEATO), die dasselbe Ziel mit ganz anderen Mitteln verfolgen sollte, erschien Indien als Durchkreuzung seiner Politik. Die Mitgliedschaft Pakistans auch in diesem Bündnis verstärkte diesen Eindruck. Indien beteiligte sich dann auch maßgeblich an der Bandung-Konferenz von 1955, in der der Geist der antikolonialen afroasiatischen Solidarität beschworen wurde, die dem östlichen Lager näher stand als dem westlichen. Ein Jahr später machte sich Nehru durch seine vagen und beschönigenden Äußerungen zur Niederschlagung des Ungarnaufstands durch die Sowjetunion im Westen unbeliebt. Doch bald darauf schien sich eine Annäherung an den Westen abzuzeichnen.

Indien brauchte für sein Industrialisierungsprogramm im Rahmen seiner Fünfjahrespläne Devisen. Die Sterlingguthaben bei der Bank von England waren 1957 aufgebraucht. Die Westmächte mußten mit Spenden und Krediten helfen. Die indisch-amerikanischen Beziehungen trübten sich 1958 noch einmal, als Krishna Menon in den Vereinten Nationen sowohl gegen die amerikanische Intervention im Libanon Stellung nahm als auch im Streit um die chinesischen Inseln Quemoy und Matsu gegen die Amerikaner sprach. Aber schon im nächsten Jahr war ein Stimmungswechsel spürbar. Die Kennedy-Cooper-Resolution des Senats nannte Indien als Schwerpunkt amerikanischer Entwicklungshilfe. Die Flucht des Dalai Lama von Tibet nach Indien, die den bereits lange schwelenden Konflikt zwischen Indien und China zutage brachte, tat ein übriges, um Indien in den Augen der Westmächte attraktiver zu machen. Es kam hinzu, daß inzwischen die Militärtechnik mit ihrem Wandel von über die Welt verbreiteten Basen zur Interkontinentalrakete die Bündnispolitik J. F. Dulles' überholt hatte. Trotz dieser Verbesserung der Beziehungen zu Amerika blieb zugleich die Freundschaft zur Sowjetunion erhalten, und Nehrus Außenpolitik erschien in jener Zeit als besonders erfolgreich.

Der unbewältigte Konflikt mit China, den Nehru auch nie bewältigen konnte und an dem er schließlich verzweifelte, warf aber schon jetzt seinen Schatten voraus. Indien hat eine lange Himalayagrenze mit China, die den meisten Indern als natürliche Grenze und unüberwindliche Barriere erschien. Die Menschen, die im Gebirge leben, sehen diese Grenze anders, oder besser gesagt, sie sehen sie nicht, wenn sie auf Handelsstraßen und Weidepfaden die Berge durchqueren oder gar nomadisch in einer Jahreszeit hier, in der anderen dort verweilen. Erst die Briten hatten sich systematisch um die Erkundung und Markierung dieser Grenze bemüht, doch auch für sie blieben noch viele weiße Flecken auf der Landkarte, auf der sie oft recht willkürlich die Linien zogen, ohne sie im Gebirge selbst durch Grenzsteine nachziehen zu können. Die Inder hatten sich für diese britischen Aktivitäten nicht interessiert, sie übernahmen in dieser

Hinsicht das britische Erbe unbesehen, und Nehru war empört, als ihm Tschou En-lai in einer Note des Jahres 1959 vorwarf, er führe das imperialistische Erbe fort. Nehru hatte sein Leben dem Kampf gegen den Imperialismus gewidmet, und so mußte ihn dieser Vorwurf besonders verletzen. Außerdem hatte er stillschweigend die Konsolidierung der chinesischen Macht in Tibet hingenommen, hatte die Rechte, die die Briten sich dort gesichert hatten, aufgegeben und 1954 einen Vertrag mit China bezüglich des Handel über die Grenze zwischen Tibet und Indien abgeschlossen, wobei freilich beide Seiten damals darauf verzichtet hatten, genauere Angaben über die Grenze in diesem Vertragswerk zu machen.

In dem Maße, in dem China seine Macht in Tibet konsolidierte, stieß es auch an die Grenze, und Zwischenfälle traten immer häufiger auf, blieben aber zunächst nur Gegenstand geheimer Notenwechsel und traten nicht ins Bewußtsein der Öffentlichkeit. Dabei war der Ostsektor der Grenze für China weniger interessant als der Nordwestsektor, da dort wichtige Verbindungslinien von Tibet nach Sinkiang über indisches Gebiet liefen. Die Chinesen hatten in diesem menschenleeren Hochland Straßen ausgebaut und allmählich weiter nach Süden verlegt, wobei die für sie günstigste Verbindung eine Straße gewesen wäre, die von der Südostseite über den Karakorumpaß nach Sinkiang führte. Obwohl diese Strecke weit in indisches Gebiet hineinführte, strebten sie doch diese Verbindung an.

Während sich die Spannungen mit China verschärften, schienen die Beziehungen zu Pakistan sich vorübergehend zu bessern. General Ayub Khan, der 1958 die Macht in Pakistan übernommen hatte, nachdem sich die Politiker dort in ihrer Politik gegenseitig ad absurdum geführt hatten, war 1960 auf der Höhe seiner neugewonnenen Macht und konnte es sich leisten, auf die anti-indische Propaganda zu verzichten, mit der die Politiker sich interessant zu machen versuchten.

Der Streit um die Nutzung des Indus-Flußnetzes, dessen Oberläufe in Kaschmir liegen, konnte beigelegt werden. Zwischen beiden Staaten wurde ein Vertrag geschlossen, und die Weltbank stellte Kredit zum Ausbau der Nutzung des Flußnetzes zur Verfügung. Ayub Khan und Nehru trafen sich zu einem Gespräch in Murree in Pakistan, das in freundschaftlicher Atmosphäre verlief und Hoffnung auf eine dauerhafte Aussöhnung machte, die sich leider bald als trügerisch erwies.

In der Weltpolitik war das Jahr 1960, in dem die Gipfel-Konferenz in Paris scheiterte, ein Jahr vermehrter Spannung. Zugleich versuchte Chruschtschow durch eine Umorganisation der Vereinten Nationen deren Einfluß zu schwächen. Nehru dagegen bemühte sich, die Bedeutung der Vereinten Nationen aufzuwerten und brachte dort eine Resolution ein, die Eisenhower und Chruschtschow zur Wiederaufnahme ihres Gipfelgespräches bewegen sollte. Dies war Nehrus letzter großer weltpolitischer Vermittlungsversuch. Danach waren ihm nur noch wenige Jahre bis zu seinem Tode vergönnt, und diese wurden ihm durch den Konflikt mit China vergällt, der ihn in jeder Hinsicht in die Defensive drängte.

Im Jahre 1961 erschien Nehru der westlichen Welt noch einmal als zwiespältiger Friedensapostel. Seine mäßigenden Worte auf der Belgrader Konferenz der bündnisfreien Nationen, sein Bemühen, Chruschtschow in dessen militantester Periode für den Frieden zu gewinnen, schienen in auffälligem Kontrast zu stehen zu dem Einmarsch der indischen Truppen in den portugiesischen Kolonien Goa, Daman und Diu. Dieser eigentlich längst fällige Akt der Dekolonisierung war von Indien kaum propagandistisch vorbereitet worden, wurde aber von Portugal um so stärker angeprangert. Die Einnahme dieser Territorien vollzog sich rasch und ohne erheblichen Widerstand. Ein Grund, der Nehru wohl dazu bewegte, sein langes Zögern in dieser Frage aufzugeben, war die Ungeduld der afrikanischen Nationalisten, die von Indien erwarteten, daß es hier mit seinem Beispiel vorangehe, statt zu warten, bis der Prozeß der Dekolonisierung in Afrika das portugiesische Kolonialreich dort auflöse und damit auch die Befreiung Goas bewirke.

Die Auseinandersetzung mit China, die in allen diesen Jahren bereits drohte, wurde schließlich im Herbst 1962 akut und führte zu einem für Indien sehr demütigenden Grenzkrieg. Chinesische Truppen in Divisionsstärke drangen über die MacMahon-Linie bei Tawang bis fast hinunter nach Tezpur in die Ebene Assams vor. Zur gleichen Zeit gelang den Chinesen ein großer Vorstoß im Nordwesten über Aksai Chin hinaus in Richtung auf den Karakorum-Paß. Dort im Nordwesten, der für sie strategisch wichtig war, hielten sie auch ihre Stellung, während sie im Osten ihre Truppen so schnell zurückzogen, wie sie gekommen waren, denn der Vorstoß dort war militärisch ein Ablenkungsmanöver und politisch eine Demütigung Indiens, da gezeigt wurde, daß die Chinesen an jedem Punkt ihrer Wahl eine Division über die Himalayagrenze bis in die Ebene hineinmarschieren lassen können. Die chinesischen Truppen wurden zurückgenommen, ehe die Inder Gelegenheit hatten, die für diesen Fall vom Generalstab vorgesehene Abschnürung der Eindringlinge durchzuführen. Indien erhielt darauf amerikanische und britische, aber auch sowjetische Waffenhilfe. Nehru mußte auf Druck der indischen öffentlichen Meinung den Verteidigungsminister Krishna Menon fallenlassen, dem nachgesagt wurde, er habe aufgrund seiner pro-kommunistischen Neigungen die Verteidigung gegen China vernachlässigt. Sein Nachfolger Y. B. Chavan ging sofort daran, die Armee zu vergrößern, die Rüstungsproduktion zu steigern und dementsprechend den Verteidigungsetat zu erhöhen, der bald zwei Drittel des gesamten Bundeshaushalts erforderte. Diese Ablenkung der knappen Ressourcen von dringend notwendigen Entwicklungsmaßnahmen entsprach auch den Zwecken Chinas, das die indische Wirtschaft torpedieren und das seiner Ansicht nach dem Imperialismus dienende Regime Nehrus diskreditieren wollte.

Die Westmächte machten ihre Hilfe davon abhängig, daß Indien mit Pakistan Gespräche über Kaschmir führte. Diese fanden in mehreren Runden statt, näherten sich einem Teilungsplan, blieben aber schließlich ergebnislos.

Im Mai 1964 starb Nehru, nachdem er erleben mußte, daß seine Außenpolitik, die zum Ziel hatte, Indien im Rahmen einer globalen Friedenspolitik zu sichern, gescheitert war. Sein Nachfolger Lal Bahadur Shastri, innenpolitisch einer seiner engsten Mitarbeiter, hatte zuvor überhaupt keine Beziehungen zur Außenpolitik und konnte, da ihm nur eine kurze Amtszeit vergönnt war, kaum eine eigene Konzeption entwickeln. Pakistan nutzte die vermeintliche Schwäche Shastris. Im Sommer 1965 ließ es einen Grenzkonflikt im Rann von Kutch akut werden und lockte Shastri im wörtlichen Sinne auf unsicheren Boden, da das Rann einen großen Teil des Jahres von Meer überflutet ist. Shastri ließ sich auf den Kampf auf dem vom Gegner gewählten Felde ein, ohne an einer anderen Stelle zum Gegenangriff überzugehen, und bat schließlich den britischen Premierminister Wilson um einen vermittelnden Schiedsspruch. Wenige Monate später versuchte Pakistan nach einem ähnlichen Szenario in Kaschmir vorzugehen. In einer strategischen Operation, die den bezeichnenden Namen "Grand Slam" hatte, sollten pakistanische Panzer die einzige indische Verbindungsstraße abschneiden. Doch Shastri paßte sich dem Szenario diesmal nicht an und befahl den Gegenangriff auf Lahore. China versuchte, seinen neugewonnenen Bundesgenossen Pakistan zu unterstützen, indem es einen Grenzkonflikt in Sikkim provozierte, Shastri ein Ultimatum stellte und ihm auf diese Weise mit einem Zweifrontenkrieg drohte. Shastri ließ sich von dieser Drohung nicht beirren, und es zeigte sich, daß China über diese Geste nicht hinausgehen wollte. Der Sicherheitsrat schaltete sich ein. Beim Waffenstillstand ergab sich, daß Pakistan die Panzerschlacht trotz seiner amerikanischen Patton-Panzer verloren hatte und indische Truppen an mehreren Grenzabschnitten auf pakistanischem Boden standen.

Pakistan war am Rückzug der indischen Truppen, Indien an einer Erklärung Pakistans über den künftigen Gewaltverzicht interessiert. Die Sowjetunion bot sich als Vermittler an. Auf der Konferenz in Taschkent im Januar 1966 bewog Kossygin Shastri zu einem raschen und völligen Truppenabzug und Ayub zur Unterschrift der Gewaltverzichtserklärung. Die Sowjetunion wurde damit auch zum Garanten dieser Erklärung und auf diese Weise zum Schiedsrichter in Südasien. Shastri starb am Schluß der Konferenz in Taschkent, und Ayub und Kossygin trugen gemeinsam seinen Sarg.

Indira Gandhi, die Shastris Nachfolge antrat, war als Tochter ihres Vaters Jawaharlal Nehru mit der Außenpolitik vertrauter als ihr Vorgänger, aber eben auch zunächst damit belastet, als Tochter ihres Vaters gewählt worden zu sein. Erst nach den Wahlen von 1967 wurde auch dem Ausland ihre Eigenständigkeit bewußt. Im arabisch-israelischen Konflikt desselben Jahres zeigte sie ein geschicktes diplomatisches Zusammenspiel mit der Sowjetunion, ohne damit die Beziehungen zu den Westmächten ernsthaft zu belasten. Andererseits beugte sie sich in den folgenden Jahren nicht dem sowjetischen Druck, mit dem Indien zur Unterschrift des Atomsperrvertrages bewogen werden sollte. Diese Weigerung führte trotzdem nicht zur Trübung der indisch-sowjetischen Freundschaft, die dem nationalen Interesse beider Partner entsprach. Der Vertrag von 1971 besiegelte dieses Bündnis, er enthält zwar keine militärische Beistandsverpflichtung, aber man darf wohl sagen, daß er der Ära der indischen Bündnislosigkeit ein Ende setzt. In einer veränderten Weltlage hatte diese Bündnislosigkeit aber schon seit längerer Zeit ihren alten Stellenwert verloren.

Die indischen Ambitionen einer globalen Friedenspolitik wurden unter Nehrus Nachfolgern wesentlich reduziert. Zugleich nahm unter dem Druck der Zeitumstände das Interesse an einer regionalen Politik zu. Dies führte schließlich zur aktiven Intervention beim Zerfall Pakistans, der sich bereits seit längerer Zeit ankündigte. Sicher spielte dabei auch der Wunsch eine Rolle, mitzuhelfen, wenn es darum ging, Jinnahs Zwei-Nationen-Theorie ad absurdum zu führen. Der auslösende Faktor waren freilich rund zehn Millionen Flüchtlinge aus Ost-Pakistan, die sich im pakistanischen Bürgerkrieg auf indischen Boden retteten und die Ressourcen der indischen Regierung sehr belasteten. Indira Gandhis Weltreise vor der militärischen Intervention im November 1971 hatte den Zweck, die Staatsmänner der einflußreichsten Staaten dazu zu bewegen, Pakistan zum Einlenken zu bringen. Doch die Resonanz war enttäuschend. Auch der indisch-sowjetische Vertrag bedeutete in diesem Zusammenhang nicht nur eine Unterstützung Indiens, sondern entsprach zugleich dem Wunsch der Sowjetunion, mehr Einfluß auf Indien zu gewinnen, um es eventuell von einem gefährlichen Abenteuer abzuhalten. Die Intervention war deshalb schließlich ein riskanter indischer Alleingang, ihr Erfolg wurde in eben diesem Maße als Bestätigung des Selbstvertrauens, aber auch als bittere Lehre empfunden, daß im entscheidenden Moment der Appell an die Weltöffentlichkeit nutzlos ist und man selbst sehen muß, wo man bleibt. Dieses Gefühl mag auch zu dem Entschluß beigetragen haben, Indien 1974 durch eine Testexplosion in die Reihe der Atommächte einzureihen. Das Potential dafür hatte Indien schon seit längerer Zeit, aber die Regierung hatte bisher auf diesen Schritt verzichtet, obwohl China ihn schon zehn Jahre zuvor getan hatte. Auch jetzt wurde betont, daß die Explosion nur der Erprobung friedlicher Nutzungsmöglichkeiten der Atomkraft diente, doch die machtpolitische Botschaft war unverkennbar. Indien verfolgte jedoch auch im Jahrzehnt nach dieser ersten Atomexplosion, die die einzige blieb, keine Politik der militärischen Nutzung der Kernenergie, sondern trieb lediglich den Ausbau von Kernkraftwerken voran. Im Dezember 1985 wurde sogar bereits ein „schneller Brüter" in Betrieb genommen, der insbesondere zur Nutzung der umfangreichen Thoriumvorräte in Indien beitragen und die Unabhängigkeit von ausländischen Uranlieferungen herbeiführen sollte, die für Indien besonders wichtig ist, weil solche Lieferungen immer wieder aus politischen Gründen unterbrochen wurden. Die Bemühungen Pakistans um eine nukleare Potenz, die seit 1972 vorangetrieben wurden, erregten dabei immer wieder Besorgnis in Indien. Da Pakistan insbesondere nach der Sezession Bangladeshs nicht mehr an eine konventionelle militärische Parität mit Indien denken konnte, versuchte es, eine nukleare Parität anzustreben.

Indiens Verhältnis zu Pakistan wurde insbesondere nach dem sowjetischen Einmarsch in Afghanistan gespannter, obwohl der Einmarsch eine engere Zusammenarbeit hätte bewirken sollen. Doch das pakistanische Militärregime unter General Zia-ul Haq, das sich bereits vorher um neue amerikanische Waffenlieferungen bemüht hatte, wurde durch den Gang der Ereignisse als Partner der amerikanischen Regierung aufgewertet und großzügig versorgt. Die indische Regierung mißbilligte die sowjetische Invasion, gab dieser Mißbilligung jedoch nur in Verhandlungen mit der Sowjetunion, aber nicht in aller Öffentlichkeit Ausdruck, da die amerikanische Außenpolitik Indien wieder einmal der Sowjetunion geradezu in die Arme trieb und das nationale Interesse eine Erhaltung der sowjetischen Freundschaft erforderte.

Aber nicht nur die Beziehungen Indiens zu Pakistan waren gespannt, auch die zunächst so guten Beziehungen zu Bangladesh wurden durch eine Reihe von Ereignissen getrübt. Die Ermordung des „Vaters der Nation" Sheikh Mujibur Rahman durch eine Gruppe von Offizieren im Jahre 1974 brachte auch dort ein Militärregime an die Macht. Zugleich belasteten die Verhandlungen über die Aufteilung des Gangeswassers die Beziehungen zwischen den beiden Staaten, da Indien direkt an der Grenze einen Staudamm gebaut hatte, der dazu diente, Wasser in den Hugli umzuleiten, um den Hafen Kalkutta betriebsfähig zu erhalten, während Teile Bangladeshs an Wassermangel litten. Die Aufteilung der Wassermenge wurde immer wieder durch zeitweilige Kompromißvereinbarungen geregelt, doch eine dauerhafte Lösung wurde bis jetzt nicht gefunden. Ein weiterer Konflikt ergab sich aus der Wanderung von Bangladeshis in das indische Bundesland Assam, die dort zu Befürchtungen der einheimischen Bevölkerung und zu Unruhen führten, die der indischen Regierung Sorgen machten, während von Bangladesh immer wieder verlautete, daß es eine solche Wanderung gar nicht gäbe. Auch dieses Problem ist bisher nicht gelöst.

Im Süden Indiens wuchs inzwischen ein anderes Problem heran, weil die von der singhalesischen Mehrheit getragene Regierung Sri Lankas immer mehr mit der tamilischen Minderheit in Konflikt geriet, die naturgemäß im benachbarten indischen Bundesland Tamil Nadu Sympathie und Unterstützung fand. Die Singhalesen haben denn auch einen Minderheitskomplex und sehen sich von einer überwältigenden tamilischen Mehrheit bedroht, da sie eben die Bevölkerung des indischen Tamil Nadu einfach hinzurechnen. Der Kampf gegen die Sezessionsbestrebungen der Tamilen wird somit zu einer Angelegenheit der Selbstbehauptung gegenüber den Tamilen allgemein. Der buddhistische Klerus, der unter den Singhalesen großes Ansehen genießt, steht den tamilischen Autonomieforderungen feindlich gegenüber und verhindert Konzessionen. Schon das Wort „Föderation" ist daher Anathema. Die Parteinahme auswärtiger Mächte wird auf diese Weise herausgefordert und die indischen Bemühungen um eine politische Lösung zunehmend frustriert.

Trotz der vielen regionalen Konflikte und der natürlichen Neigung, die Beziehungen zu den kleineren Nachbarn jeweils bilateral zu regeln, hat sich Indien für die Mitarbeit in einer Organisation der regionalen Zusammenarbeit (South Asian Association for Regional Cooperation) gewinnen lassen. Die Idee stammte von dem inzwischen ebenfalls ermordeten Präsidenten Bangladeshs Zia-ur Rahman und wurde in mehreren vorbereitenden Treffen der Staatssekretäre und Minister schließlich auf einem Gipfeltreffen der Regierungschefs in Dhaka im Dezember 1985 in die Tat umgesetzt.

Vom Sendungsbewußtsein einer globalen Friedenspolitik, die einer universalen Interpretation des Freiheitskampfes entsprach und eine Vernachlässigung der regionalen Politik implizierte, war Indien aufgrund der unausweichlichen regionalen Konflikte zu einer Realpolitik gekommen, die davon ausgeht, daß sich diese Konflikte nur aus einer Position der Stärke lösen lassen. Der Gang der Verhandlungen mit Pakistan und die Bereitschaft zur regionalen Kooperation haben gezeigt, daß dabei aber das Bemühen um Kompromisse und um eine regionale Friedenspolitik nicht verlorengegangen ist. Diese Friedenspolitik ist auch deshalb angebracht, weil Indiens politische und wirtschaftliche Probleme durch eine übermäßige Belastung mit Rüstungsausgaben nur noch verschärft würden und damit der Position der Stärke die Grundlage entzogen werden könnte. Die indische Regierungspartei, der Nationalkongreß, ist keine militante, chauvinistische Partei, sondern sehr auf die Wahrung des inneren Gleichgewichts bedacht, das mit der Wahrung des äußeren Gleichgewichts in engem Zusammenhang steht.

7.2. Verfassungskontinuität und Parteipolitik

Der Nationalkongreß wurde mit der Unabhängigkeit zur staatstragenden und staatsgetragenen Partei und ermöglichte die politische Kontinuität, die sich allein schon in der Beibehaltung der unter britischer Herrschaft entwickelten Verfassungsstruktur ausdrückte. Die Teilung Indiens erübrigte jegliche Zugeständnisse auf dem Gebiet der föderativen Struktur. Die Fürstenstaaten wurden von dem energischen Innenminister Vallabhbhai Patel rasch und geschickt mediatisiert. Er schreckte dabei in Einzelfällen auch nicht vor Polizeiaktionen zurück. Haiderabad war hier ein besonderes Problem. Im Gegensatz zu Kaschmir, wo ein Hindu über eine Muslimmehrheit herrschte, war dort ein Muslim, der Nizam, Herrscher über eine Hindumehrheit. Doch im Unterschied zu Kaschmir war dieser Staat völlig von indischem Territorium umgeben. Als der Nizam zu lange zögerte, rückten indische Truppen ein, um innere Unruhen niederzuschlagen. Die meisten anderen Fürsten zogen einen raschen Anschluß vor. Damit erübrigten sich für die verfassunggebende Versammlung jene Bestimmungen des nie in Kraft getretenen bundesstaatlichen Teils der Verfassung von 1935, die die Vertretung der Fürstenstaaten im Bundesparlament regelten. Indien konnte nun als einheitlicher demokratischer Staat behandelt werden. Der stark unitaristische Charakter des indischen Bundesstaates kam auch dadurch zum Ausdruck, daß die Verfassungen der Bundesländer mit einem Einheitsschema Teil der Bundesverfassung sind. Eine weitere Verklammerung ergab sich dadurch, daß der berühmte "steel frame" der britisch-indischen Verwaltung, der Indian Civil Service (I.C.S.), übernommen wurde. Dieser Verwaltungsdienst war schon in den letzten Jahrzehnten mehr und mehr mit Indern besetzt worden, er wurde in der Verfassung in allen seinen Privilegien bestätigt, und der neue Verwaltungsdienst der Republik, der Indian Administrative Service (I.A.S.), wurde ihm genau nachgebildet. Dieses Elitebeamtenkorps besetzte alle Schlüsselstellungen in der Bundesverwaltung und in den Länderverwaltungen. Die Versetzbarkeit dieser Beamten und ihr nationaler Status bedeutete eine Unabhängigkeit von der Landespolitik und eine Orientierung an der Bundespolitik.

Die weitreichenden Notstandsbefugnisse des britischen Generalgouverneurs und der Provinzgouverneure wurden ebenfalls beibehalten und dem Bundespräsidenten übertragen, der sie freilich nach parlamentarischer Konvention nur auf den Rat des Premierministers und seines Kabinetts anwenden kann. Das Instrument der "President's Rule" gibt der indischen Bundesdemokratie eine besondere Note, und dieses Instrument ist im unabhängigen Indien bereits häufig benutzt worden, um mißliebige oder labile Länderregierungen ihres Amtes zu entheben. Der Vorgang verläuft folgendermaßen: Der Gouverneur berichtet dem Präsidenten, daß sich die verfassungsmäßige Ordnung in dem betreffenden Bundesland nicht mehr aufrechterhalten läßt, der Präsident setzt dann die Regierung ab und überträgt dem Gouverneur die Regierungsgewalt. Innerhalb von sechs Monaten müssen jedoch Neuwahlen abgehalten werden. Eine Wiederholung der Maßnahmen nach ungünstigem Wahlausgang ist möglich und ebenfalls bereits praktiziert worden.

Die Gouverneure der Bundesländer werden von der Bundesregierung ernannt und sind an die Weisungen des Präsidenten gebunden. Der Präsident ist ein gewähltes Staatsoberhaupt und damit demokratisch legitimiert. Daß er den Premierminister konsultiert, ist in der Verfassung nur negativ erwähnt, nämlich in der Bestimmung, daß Form und Inhalt dieser Konsultation nicht zum Gegenstand eines Gerichtsverfahrens gemacht werden können. Das Prinzip der parlamentarischen Demokratie ist in der Verfassung im Grunde nur durch die Erwähnung des Premierministers verankert. Bei Nichtbeachtung der Konventionen ließe sich die indische Verfassung jedoch ohne wesentliche

Änderung als eine Präsidialverfassung nach dem Vorbild De Gaulles handhaben.

Der unitaristische Rigorismus der indischen Verfassung ist nicht nur als Erbe der britisch-indischen Verfassung zu verstehen. Er ist von der Verfassunggebenden Versammlung unter dem Eindruck des Konflikts mit Pakistan angestrebt worden. Das Vorhandensein entsprechender Paragraphen in der damals geltenden Verfassung machte die Aufgabe leichter, doch hätte man sie sicher in dieser Situation geschaffen, wenn man sie nicht vorgefunden hätte. Die Behandlung der Grundrechte macht diese Tendenz ebenfalls deutlich. Der Grundrechtekatalog ist der einzige Beitrag der Freiheitsbewegung zur Verfassung. Die britisch-indische Verfassung enthielt ihn selbstverständlich nicht, aber seit dem Nehru-Bericht von 1928 und einer entsprechenden Resolution des Nationalkongresses 1931 in Karachi, der berühmten „Karachi Resolution", waren die Grundrechte zum Programmpunkt geworden und mußten daher auch in der Verfassung verankert werden. Dies geschah aber schließlich mit so viel Vorsicht, daß ein Mitglied der Verfassunggebenden Versammlung sagte, die Grundrechtsartikel sähen aus, als seien sie von einem Polizisten entworfen worden. Die Betonung der zentralistischen Züge der indischen Verfassung soll jedoch nicht darüber hinwegtäuschen, daß in der politischen Wirklichkeit vor allem auf dem Gebiet der Landwirtschaft und Ernährung und auch in bezug auf andere entscheidende Probleme die Bundesländer ein großes Gewicht haben, das sie je nach Lage der Dinge auch in der Bundespolitik zur Geltung bringen können.

Nach fast dreijährigen Beratungen der Verfassunggebenden Versammlung, die in dieser Zeit auch als Interimsparlament fungierte, wurde schließlich im Januar 1950 die indische Republik aus der Taufe gehoben. Die Republik blieb Mitglied des britischen Commonwealth, eine Entscheidung, die eingehend debattiert worden war. Die ersten allgemeinen Wahlen fanden 1952 statt, und der Nationalkongreß ging als überlegener Sieger aus ihnen hervor. Die Opposition bildeten in erster Linie die

Sozialisten, die sich 1948 vom Kongreß getrennt hatten, oder besser gesagt, vom rechten Flügel, geleitet von Vallabhbhai Patel, aus dem Kongreß verdrängt worden waren, und die Kommunisten, die aber sehr schwach waren, da sie das Stigma der Kollaboration mit den Briten im Zweiten Weltkrieg nicht leicht überwinden konnten. Nach dem Tode Patels im Jahre 1950 fiel es Nehru leichter, dem Kongreß wenigstens einen dem äußeren Anschein nach links orientierten Kurs zu geben, aber er konnte in diesem Bestreben nicht allzuweit gehen, ohne den Kongreß als Sammlungspartei verschiedenster Interessen in Frage zu stellen.

Die konservativen Kräfte hatten im Kongreß ein großes Gewicht, sie bestanden nämlich nicht nur aus den reichen Magnaten, die schon während des Freiheitskampfes den Kongreß finanziert hatten, sondern auch aus der breiten Schicht der mittleren und reichen Bauern in der großen Zahl der Landbezirke. Diese Bauernschaft war schon von den Briten durch Pächterschutzgesetze, die die Schicht unmittelbar unter den Grundherren begünstigten, politisch gestärkt worden. Nach den sehr beschränkten Landreformmaßnahmen des Kongresses, bei denen nur die großen Grundherren enteignet worden waren, stieg die Bedeutung der unmittelbaren Hintersassen der Grundherren noch weiter an, und viele der enteigneten Grundherren, die einen beträchtlichen Teil ihres besten Bodens zur sogenannten eigenen Bebauung behalten durften, reihten sich nun in die Ränge der reichen Bauernschaft ein und stärkten den rechten Flügel des Kongresses. Welch politisches Gewicht diese Schicht hat, mußte Nehru nach den zweiten allgemeinen Wahlen im Jahre 1957 erfahren. Im Vertrauen auf seine Popularität hatte er sich vorsichtig etwas weiter nach links gewagt und sah sich durch den weiteren Wahlerfolg hierin bestätigt. Als dann der Nationalkongreß eine Resolution über eine Kollektivierung der Landwirtschaft faßte, organisierte der berühmte alte Rajagopalachari aus Madras, der einst Mountbatten als erster indischer Generalgouverneur abgelöst hatte, die Swatantra-Partei, die sich diesem Trend entgegenstellte und bald ein Echo bei der reichen Bauernschaft fand. Die Partei selbst ist nie besonders bedeutend geworden, aber das Signal, das damit gegeben wurde, genügte, um Nehru und den Kongreß vom linken Kurs abzubringen. Bisher hatte der Kongreß im Wahlkampf nur immer der linken Opposition den Wind aus den Segeln nehmen müssen, die Drohung von rechts kam daher unerwartet und wurde deshalb vielleicht auch um so mehr beachtet.

Bei solchen wählerorientierten Kurskorrekturen war auch das von den Briten übernommene Mehrheitswahlrecht von Bedeutung. Dieses Wahlrecht begünstigte den Kongreß, der es vermochte, viele Wahlkreise zu gewinnen und auf diese Weise für etwa 45 % aller abgegebenen Stimmen ca. 60—70 % der Sitze zu erhalten, während die Sozialisten ähnlich wie die FDP in Deutschland überall gewisse Wählerschichten ansprachen, eine beträchtliche Zahl von Stimmen bekamen, aber wenig Sitze errangen. Trat nun eine Partei von rechts auf die politische Bühne und konzentrierte sich auf die tonangebende Schicht in ländlichen Wahlkreisen, konnte dies für den Kongreß gefährlicher werden als die Konkurrenz von links, von der man wußte, daß sie den Kongreß in zwei Wahlen nicht wesentlich bedrängt hatte. Als Unsicherheitsfaktor kamen noch die vielen unabhängigen Kandidaten hinzu, die ein besonderer Faktor im indischen politischen Leben waren und dem Kongreß nicht schaden konnten, solange sie unabhängig blieben, aber den Ausschlag geben konnten, wenn sie sich einer anderen Partei zuwandten. Die Unabhängigen waren von zweierlei Art, es waren entweder lokal oder regional bekannte und einflußreiche Männer, die nicht die Unterstützung einer Partei brauchten, um gewählt zu werden, oder es waren solche, die sich um eine Kongreßkandidatur bemüht hatten, aber abgewiesen worden waren und dann dem offiziellen Kongreßkandidaten und der Parteileitung beweisen wollten, daß die Partei den Falschen nominiert hatte, was ihnen auch oft genug gelang. Eine geschickte Konkurrenzpartei konnte die erste Art von Unabhängigen durch Diplomatie gewinnen und den zweiten eine interessante Alternative bieten.

Unter diesen Umständen bewegte sich der Kongreß ab 1959

deutlich nach rechts. Dazu trug auch noch die Notwendigkeit des Eingriffs in Kerala bei, das nach den Wahlen von 1957 eine kommunistische Landesregierung bekommen hatte, deren sich die Bundesregierung nach einigen Auseinandersetzungen 1959 durch "President's Rule" entledigte.

Die Zentralregierung wurde nicht nur durch diese Auseinandersetzungen auf die Probe gestellt, sondern auch durch die verschiedenen Forderungen nach einer Neuordnung der Länder aufgrund der Sprachgrenzen. Gandhi hatte, wie bereits im vorigen Kapitel erwähnt wurde, schon 1920 die Kongreßorganisation nach Sprachprovinzen gegliedert. Nach der Unabhängigkeit betrachtete jedoch die Bundesregierung die Forderungen nach Abschaffung der alten britischen Provinzgrenzen geradezu als Bedrohung der nationalen Einheit. Nehru und die meisten maßgeblichen Minister der Bundesregierung stammten aus der großen, mehrere Provinzen übergreifenden Hindi-Sprachregion, für die sich dieses Problem gar nicht stellte. Sie brachten daher kein Verständnis für die oft mit fanatischem Eifer vorgebrachten Forderungen der Sprachprovinzialisten des Südens auf. Andhra setzte sich schließlich als erstes Sprach-Bundesland durch, die alte Madras-Presidency wurde in ein Telugu-Gebiet, Andhra, und ein Tamil-Gebiet geteilt. Mit gleichem Recht konnten die Sprachprovinzen der Bombay-Presidency auf einer Teilung bestehen. Die beiden Hauptbestandteile dieser alten Presidency Gujarat und Maharashtra hatten auch gute Gründe für eine solche Teilung. Ein Rückblick auf die früheren Kapitel dieses Buches macht das deutlich. Aber die Stadt Bombay stellte ein zunächst schier unüberwindliches Hindernis dar. Diese Stadt, die bereits den Freiheitskampf finanziert hatte und etwa ein Drittel des gesamten indischen Steueraufkommens trug, liegt mitten in Maharashtra, aber ihr Wirtschaftsleben war weitgehend in den Händen der Gujaratis, und nur Bildungsschicht und Arbeiterschaft bestanden aus Marathen. Der Streit um die Stadt führte schließlich zu erbitterten Straßenkämpfen. Ausländische Beobachter glaubten damals, daß Indien bald auseinanderfallen werde. Doch als die Bundesregierung 1960 auch diese Länderneuregelung vollzog und Maharashtra Bombay als Hauptstadt behielt, wurden diese Streitigkeiten wieder vergessen. Sie hatten aber gezeigt, daß weit mehr als Armut und soziales Unrecht regionale politische Interessen zur Herausforderung des an der Erhaltung des Status quo orientierten Regimes führen konnten. Wurden diese Interessen befriedigt, so ließen sie sich ebenfalls für die Erhaltung des Status quo gewinnen.

Der Tod Nehrus im Mai 1964, die zunächst unsichere Führung seines Nachfolgers Shastri, dessen früher Tod in Taschkent im Januar 1966 und die Wahl Indira Gandhis als Kompromißkandidaten im Kampf der Wettbewerber um den Posten des Premierministers bezeichneten eine Epoche der Gefährdung des zentralen Führungsanspruches der Kongreßpartei, die bisher ihre Macht und den indischen Bundesstaat vor allem deshalb erhalten konnte, weil sie in Bund und Ländern die Regierungen stellte. Jetzt waren es gerade Länder wie Andhra, Maharashtra und Gujarat, die durch ihre Sprachenpolitik in den Jahren zuvor die Zentralregierung herausgefordert hatten, die sich als Hochburgen der Kongreßpartei erwiesen, während in Nordindien verschiedene Oppositionsparteien gemeinsame Sache machten, um nachzuweisen, daß der Kongreß ein Gigant mit tönernen Füßen sei, der sich stürzen ließe. In den Wahlen von 1967 gelang dieser Nachweis in einigen Bundesländern tatsächlich, aber die Mehrheit des Kongresses im Bundesparlament blieb erhalten, und die heterogenen Koalitionen, die Landesregierungen bildeten, zeigten bald, daß sich allein aus dem gemeinsamen Bestreben, den Kongreß zu stürzen, keine gemeinsame Linie in der Landesregierungspolitik ableiten ließ. In Nordindien spielte bei diesem Schlag gegen die Kongreßpartei vor allem der Bharatiya Jan Sangh eine entscheidende Rolle. Dieser „Volksbund" vertritt einen Nationalismus der Art, wie wir ihn zuvor in dem Abschnitt „Traditionalismus und Kommunalismus" skizziert haben, setzt sich besonders für Hindi als National- und Amtssprache ein, da Hindi trotz einer entsprechenden Bestimmung der Verfassung immer noch nicht Englisch als Amtssprache ersetzt hat, und hat daher in Nordindien viele Freunde, aber in Südindien ebenso viele Feinde, so daß es ihm nicht gelingt, eine wirkliche nationale Alternative zum Nationalkongreß zu werden. Auch den Kommunisten, die diese Krisensituation in der Kongreßführung zu nutzen versuchten, so gut sie nur konnten, gelang kein entscheidender Durchbruch. Es kam hinzu, daß die Kommunistische Partei sich 1964 gespalten hatte, was zwar zu vermehrter Aktivität und damit auch zur Verdoppelung der kommunistischen Sitze führte, aber natürlich eine einheitliche kommunistische Politik in Indien unmöglich machte. Die eine der beiden kommunistischen Parteien, die sich hauptsächlich auf Gewerkschaften stützt und sich an Moskau orientiert, wurde im Zuge der weiteren politischen Entwicklung zum Bundesgenossen des Kongresses, während die andere, die ihre Hauptstärke in Bengalen und Kerala hatte, in Landeskoalitionsregierungen ihr Glück versuchte und damit schließlich scheiterte.

Die politische Entwicklung wurde in den nächsten Jahren hauptsächlich von Indira Gandhi geprägt, die nach den Wahlen von 1967 nicht mehr als Kompromißnachfolgekandidat, sondern sozusagen mit plebiszitärer Legitimation regierte und sich dazu ermutigt fühlte, Mitbewerber und Königsmacher zu beseitigen. Sie tat dies, indem sie dem Kongreß mit gemäßigt-radikalen Maßnahmen wie der Verstaatlichung der Großbanken einen Linksdrall gab und es zum Bruch mit der konservativen alten Garde des Kongresses kommen ließ. Ihre treuesten Gefolgsleute auf diesem Kurs waren der Minister Jagjivan Ram, der als bedeutendster Vertreter der Unberührbaren im Parlament eine starke Hausmacht hatte, und der Minister Fakrudin Ali Ahmed, der als Muslim in ähnlicher Weise eine wichtige Minderheit hinter sich hatte. Der Kongreßsplitter der alten Garde erwies sich später als politisch geringfügig, da viele Politiker im eigenen Interesse ihren Frieden mit Indira Gandhi machten, die in ihrer Härte und Durchsetzungskraft eher ihrem Großvater Motilal Nehru als ihrem konzilianteren Vater Jawaharlal Nehru glich, der den offenen politischen Machtkampf soweit wie möglich vermied. Dabei war ihr Kampf im wesentlichen taktisch und nicht eigentlich strategisch, denn die Machterhaltung war ihr eigentliches Ziel und nicht die Durchsetzung eines radikalen politischen Programms, was unter den gegebenen Bedingungen ohnehin nicht möglich gewesen wäre.

Nachdem sie die innerparteilichen Machtkämpfe ausgestanden hatte, wandte sie sich zur plebiszitären Bestätigung an die Wählerschaft und ließ 1971 Wahlen zum Bundesparlament abhalten, obwohl diese im Fünfjahresturnus erst 1972 fällig gewesen wären. Durch das Vorziehen der Bundesparlamentswahl brach sie zugleich die Verbindung dieser Wahlen mit den Landtagswahlen, die sonst immer zusammen mit dieser Wahl durchgeführt wurden. Bei dem Gewicht regionaler und lokaler Interessen in der indischen Politik waren es dabei oft die der Wählerschaft besser bekannten Landtagskandidaten, die den Bundesparlamentskandidaten ihrer Partei gewissermaßen mit durchzogen. Die Bundesparlamentswahl als von regionalen Interessen isoliertes Plebiszit gab Indira Gandhi eine bessere Chance, und die Oppositionsparteien taten ihr darüber hinaus den Gefallen, statt eines politischen Programms, das sie gemeinsam ohnehin nicht bieten konnten, den Wahlkampf ganz auf ihre Person abzustellen. Die Wahl brachte ihr einen Sieg, der in seinen Ausmaßen auch die kühnsten Erwartungen der Kongreßpartei übertraf und die Jahre der Krise und Unsicherheit wie einen unwirklichen Alptraum erscheinen ließen. Die gute alte Zeit der ungebrochenen Führung der Kongreßpartei in Bund und Ländern schien wiedergekehrt zu sein.

Doch die auf diese Weise zurückeroberte Position sollte nur allzu bald wieder in Frage gestellt werden. Neue Dürrejahre und die Last der Energiekrise trieben die Regierung in die Enge. Selbst Prestigeprojekte wie die Atomexplosion von 1974 konnten hier nur vorübergehend eine positive Wirkung erzielen. Im Sommer 1975 ergab sich eine unglückliche Konstellation mehrerer kritischer Ereignisse. Eine von Jayaprakash Narayan geleitete Protestbewegung gegen die Regierung erreichte ihren Höhepunkt. Die Landtagswahlen in Gujarat, deren Abhaltung von Indira Gandhis altem Rivalen Morarji Desai durch Fasten erzwungen worden waren, brachten einen empfindlichen Verlust für die regierende Kongreßpartei. Der Gerichtshof von Allahabad entschied in einer seit den Wahlen von 1971 anhängigen Klage des damals unterlegenen Gegenkandidaten Raj Narain, daß Indira Gandhis Parlamentsmandat ungültig sei. Die Klage betraf Korruption im Wahlkampf. Die Punkte, in denen Indira Gandhi für schuldig befunden wurde (Einsatz eines zu diesem Zeitpunkt noch im Staatsdienst befindlichen Beamten als Wahlhelfer etc.) waren trivial, aber das Urteil war schwerwiegend. Das Berufungsverfahren vor Indiens oberstem Gerichtshof wurde bald darauf eingeleitet. Der Makel konnte aber nicht sofort getilgt werden, da solche Verfahren Zeit beanspruchen. Die Opposition verlangte lautstark Indira Gandhis Rücktritt. Die Chancen für die nächsten Wahlen, die fristgerecht im Februar 1976 stattfinden sollten, schienen schlecht zu sein. Nur ein nationaler Notstand konnte ihre Aufschiebung rechtfertigen. Einen solchen Notstand ließ Indira Gandhi bald darauf verkünden. Tausende von Oppositionspolitikern wurden verhaftet. Das Notstandsregime isolierte Indira Gandhi immer mehr von der öffentlichen Meinung, die keinen Ausdruck mehr finden konnte. Eine rücksichtslose Zwangssterilisierungskampagne, mit der ihr jüngerer Sohn Sanjay das Bevölkerungswachstum in den Griff bekommen wollte, erwies sich ebenfalls als äußerst unpopulär. Die 1976 fälligen Wahlen wurden zunächst vertagt, dann aber überraschend und sehr kurzfristig für das Frühjahr 1977 angesetzt. Man konnte annehmen, daß die erst kurz vor den Wahlen wieder aus der Haft entlassenen Oppositionsführer nicht in der Lage wären, sich zu einigen und einen erfolgreichen Wahlkampf zu führen. Doch zum ersten Mal zogen sie die Lehre aus der bisherigen Erfahrung mit dem in Indien herrschenden Mehrheitswahlrecht, stellten den Kongreßkandidaten nur jeweils einen Oppositionskandidaten gegenüber und verhinderten damit die Spaltung des Stimmenpotentials. Indira Gandhi verlor die Wahl und Morarji Desai, der schon bei Nehrus Tod seine Anwartschaft auf die Nachfolge angemeldet hatte, wurde nun im hohen Alter Premierminister einer labilen Koalition, die aber unter dem Namen Janata-

Partei zunächst eine gewisse Einheit vortäuschte. Desai, der über gute Verwaltungserfahrung, aber kaum über eine politische Hausmacht verfügte, trat bereits 1979 wieder zurück, und der Staatspräsident beauftragte eine Minderheitsregierung unter Desais Rivalen Charan Singh mit der Amtswaltung bis zu den Neuwahlen, die erst ein halbes Jahr später im Januar 1980 stattfanden. Die Wahlen gewann Indira Gandhi überraschend, obwohl sie ihren Nationalkongreß weiter gespalten hatte und kaum noch über eine echte Parteiorganisation verfügte. Ihr unermüdlicher persönlicher Wahlkampf ersetzte den Parteiapparat. Nach ihrem Sieg gewann ihr Sohn Sanjay noch weit größeren politischen Einfluß als je zuvor, wurde aber schon im Juni 1980 Opfer eines Flugzeugunfalls, den er durch Tollkühnheit selbst herbeigeführt hatte.

Der Verlust des von ihr sehr geliebten und geradezu verehrten Sohnes traf Indira Gandhi schwer. Sie bemühte sich nun darum, den ihr fernerstehenden älteren Sohn Rajiv, einen Piloten der Indian Airlines, in die Politik hineinzuziehen. Rajiv folgte dieser Aufforderung zunächst widerwillig, errang dann aber den Wahlkreis Sanjays und wurde nach und nach zum wichtigsten Vertrauensmann seiner Mutter. Dem Kongreß war nach dem plebiszitären nationalen Wahlkampf von 1980 in den Landtagswahlen der folgenden Jahre weniger Glück beschieden. In dem großen Bundesland Andhra Pradesh gewann 1983 die von einem Filmschauspieler, N. T. Rama Rao, geführte Landespartei Telugu Desam (Telugu ist die Landessprache Andhra Pradeshs) die Wahl. Im benachbarten Karnataka kam zur gleichen Zeit die auf nationaler Ebene geschlagene Janata-Partei wieder an die Macht, die hier von einem sehr fähigen und angesehenen Politiker, Ramakrishna Hegde, geführt wird. Die größten Sorgen bereiteten der Bundesregierung jedoch die Autonomieforderungen der Sikhs im Panjab, ein Problem, an dem Indira Gandhi schließlich scheitern sollte.

Die Sikhs, die nur einen sehr kleinen Anteil (ca. 2%) an der Gesamtbevölkerung Indiens haben, waren unter den Briten als Soldaten und Offiziere sehr geschätzt und stellen noch heute ein Fünftel des Offizierskorps. Diese privilegierte Stellung können sie auf die Dauer nicht halten, daher griffen Sorgen um einen bevorstehenden sozialen Abstieg um sich, die einer Sikh-Partei, dem Akali Dal, Auftrieb gaben. Diese Partei war zunächst nur eine "pressure group" innerhalb des Nationalkongresses. Als es den Sikhs jedoch gelang, das Bundesland Panjab 1966 in eine von den Sikhs dominierte Panjabi-Sprachprovinz und eine Hindi-Sprachprovinz (Haryana) teilen zu lassen, wurde der Akali Dal als Partei bedeutsamer. Da aber selbst diese Panjabi-Sprachprovinz Panjab nur zu ca. 60 Prozent aus Sikhs bestand und zu 40 Prozent aus Hindus, mußten die Akalis sich entweder allein auf die Sikhs konzentrieren, um alle ihre Stimmen zu gewinnen, oder eine gemäßigte Linie verfolgen, um auch Hindu-Stimmen zu bekommen. Zwischen diesen beiden Optionen pendelten sie hin und her. Der Kongreß als Rivale in der Landespolitik mußte dagegen versuchen, die Hindu-Stimmen auf sich zu vereinen und die Sikhs zu spalten. Da die Sikhs geradezu notorisch spaltbar sind, hatten die Kongreßstrategen meist leichtes Spiel. Ein radikaler junger Sektierer, Jarnail Singh Bhindranwale, bot sich geradezu als Instrument für solche Spaltungsversuche an, doch entwuchs er bald jenen, die ihn nur benutzen wollten, und wurde selbst zu einer Autorität im Panjab. Er umgab sich mit ihm ergebenen jungen Terroristen und machte schließlich den Goldenen Tempel in Amritsar zu seinem Hauptquartier. Zugleich mehrten sich die Autonomieforderungen der Sikhs und es wurden Stimmen laut, die gar eine Sezession und einen eigenen Sikh-Staat Khalistan forderten. Schließlich sah sich Indira Gandhi gezwungen, den Gordischen Knoten, den sie selbst mitgeknüpft hatte, gewaltsam zu zerschlagen. Die indische Armee eroberte in einer verlustreichen Aktion den Goldenen Tempel; Bhindranwale und etliche seiner Gefolgsleute kamen dabei ums Leben. Wenige Monate später ereilte Indira Gandhi die Rache der Sikhs: sie wurde von Sikh-Polizisten ihrer Leibwache am 31. Oktober 1984 erschossen.

Der indische Staatspräsident Zail Singh, selbst ein Sikh, der auf der Abschußliste der Rächer stand, hielt es unter den gegebenen Umständen für die beste Lösung, unter Hintansetzung aller Konventionen den jungen Abgeordneten Rajiv Gandhi sofort zum Premierminister zu ernennen, so daß die Nachricht über seine

Nachfolge gleichzeitig mit der vom Tod Indira Gandhis verkündet werden konnte. Delhi wurde in den Stunden darauf von offensichtlich nicht ganz spontanen Racheakten gewisser Kreise an der Sikhbevölkerung der Hauptstadt erschüttert. Rajiv Gandhi jedoch, dessen Nachfolge zunächst nur aus der Not geboren erschien, erwies sich geradezu als Symbolfigur. Die Tatsache, daß er das hohe Amt nicht angestrebt hatte und nur widerwillig Politiker geworden war, kam ihm in den Augen der Bevölkerung dabei noch zugute. Seine Entscheidung, so rasch wie möglich Neuwahlen zu halten, erwies sich als richtig. Er errang im Dezember 1984 einen überwältigenden Wahlsieg. Nur Andhra Pradesh widerstand dem Ansturm dieser Siegeswelle, dort stellte die Partei Telugu Desam die Parlamentsabgeordneten, in Karnataka aber errang der Kongreß die Mehrzahl der Sitze. Ministerpräsident Hegde trat daraufhin zurück, obwohl er ja nach wie vor seine Landtagsmehrheit hatte. Rajiv Gandhi honorierte diesen Schritt, indem er ihn bis zu den Neuwahlen weiterhin im Amt ließ und nicht die Gelegenheit wahrnahm, einen Kongreßministerpräsidenten an seine Stelle zu setzen. Als Hegde dann die Landtagswahlen wiederum gewann, akzeptierte ihn Rajiv Gandhi als erneut bestätigten Ministerpräsidenten und zeigte damit zugleich, daß er den indischen Föderalismus ernst nahm und nicht, wie seine Mutter es oft getan hatte, mit allen Mitteln versuchte, Landesregierungen der Opposition zu eliminieren.

Diese neue Einstellung zum Föderalismus wurde noch deutlicher, als es Rajiv Gandhi gelang, mit dem Führer der Akalis, H. S. Longowal, einen Kompromiß zu erzielen, der die Abhaltung von Wahlen im Panjab im September 1985 ermöglichte. Longowal fiel zwar kurz vor den Wahlen einem Attentat zum Opfer. Die Wahlen wurden dennoch programmgemäß abgehalten, die Akalis erhielten eine Mehrheit und bildeten mit S. S. Barnala als Ministerpräsidenten die Landesregierung. Bald darauf gelang Rajiv Gandhi ein ähnlicher Kompromiß mit den Führern der Studentenbewegung Assams, die dort seit Jahren die Agitation gegen den Kongreß und die Überfremdung des Landes durch Einwanderer geleitet hatten. Da sich der Kongreß in Assam auf die Stimmen der Minderheiten – und damit eben auch der Einwanderer – stützte, bedeutete dies ein wesentliches Zugeständnis auf Kosten des Kongresses. Die Studentenführer, die bisher nur agitiert hatten, bildeten daraufhin eine politische Partei, Asom Gana Parishad, mit der sie im Dezember 1985 die Landtagswahlen gewannen. Es zeigte sich deutlich, daß die Wähler, die in den Bundestagswahlen in den meisten Teilen Indiens Rajiv Gandhis Kongreß bevorzugt hatten, in der Landespolitik ganz andere Präferenzen haben konnten. Die 1971 erfolgte Abkoppelung der Bundestagswahlen von den Landtagswahlen hatte diese Entwicklung begünstigt. Die Bundestagswahlen wurden in der Folgezeit zu einem nationalen Plebiszit, das jedoch nicht auch über die Landespolitik entscheiden mußte, die sich in den separaten Landtagswahlen immer stärker artikulierte. Dabei spielten auch wirtschaftliche Probleme eine Rolle, denn das Übergewicht der Bundesregierung wurde in zunehmendem Maße auf der Länderebene, auf der sich die eigentliche Entwicklungspolitik abspielen muß, kritisiert. Der Zentralismus war ein koloniales Erbe, und dieses Erbe behinderte die Entwicklung auf vielfältige Weise.

7.3. Koloniales Erbe und Wirtschaftsentwicklung

Die Wirtschaft Indiens ist durch die über ein Jahrhundert dauernde Kolonialherrschaft geprägt worden. Nach der industriellen Revolution in England kam es den Briten nur darauf an, ein möglichst hohes Steueraufkommen in Indien zu erzielen, eigene Industrieprodukte, vor allem Textilien dort abzusetzen und aus Indien Rohstoffe und Agrarprodukte zu niedrigsten Preisen zu exportieren. Um den jährlichen Tribut, die sogenannten Home Charges, und dazu den wachsenden Schuldendienst zu zahlen, mußte Indien immer einen Exportüberschuß erzielen. Im späten 19. Jahrhundert kam der Fall der Silberwährung als weitere Belastung hinzu. Indien absorbierte einen großen Teil des sich laufend entwertenden Silbers der Welt und mußte dafür ständig mehr exportieren. Trotz des Preisverfalls in der Weltagrarkrise exportierte Indien den billigsten Weizen, während in Indien selbst wiederholt Hungersnöte herrschten. Das wurde dadurch ermöglicht, daß die indischen Silberpreise stabil blieben, während der Goldpreis des Weizens sank. Mit dem Silber importierte Indien eine langsam fortschreitende Inflation. Der einheimische Silberkapitalmarkt hatte verhältnismäßig hohe Zinsen und konzentrierte sich auf wucherischen Geldverleih oder die Finanzierung des Handels, während Investitionskapital für die Eisenbahnen und ähnliche Unternehmungen auf dem Goldkapitalmarkt Londons besorgt wurde, der mit niedrigeren Zinsen arbeitete, die aber, da der Schuldendienst in Indien in Silberrupien erwirtschaftet werden mußte, Indien letztlich doch teuer zu stehen kamen.

Die industrielle Entwicklung Indiens wurde durch die Kolonialmacht nicht nur nicht begünstigt, sondern absichtlich verhindert. Alle Industrieprodukte bis zur letzten Eisenbahnschiene und zum Brückengeländer wurden aus England eingeführt. Der indische Industrielle Jamshedji Tata, ein Parsi aus Bombay, konnte mit einem indischen Stahlwerk erst dann Erfolg haben, als der Erste Weltkrieg den Nachschub aus England erschwerte und Indien zur Etappenstation des Weltreiches wurde. Der Rückschlag nach Kriegsende und später die Weltwirtschaftskrise trugen dazu bei, die Industrialisierung Indiens weiter aufzuhalten.

Die Zwischenkriegszeit erwies sich als eine Periode der Stagnation der indischen Wirtschaft, die erst in den dreißig Jahren vor dem Ersten Weltkrieg in die Weltwirtschaft einbezogen worden war und nach anfänglicher Stimulierung auf eine Durststrecke traf.

Die Bevölkerungsentwicklung nahm dagegen einen ganz anderen Verlauf. Bis zum Anfang des 19. Jahrhunderts hatte Indien vermutlich über lange Zeiten hinweg eine durch ökologische Beschränkungen und Epidemien in Grenzen gehaltene Bevölkerung von etwa 100 Millionen gehabt. Am Ende des Jahrhunderts waren es 285 Millionen. Die Hungersnöte der 1890er Jahre und die ihnen folgenden Epidemien dezimierten die Bevölkerung und verhinderten einen weiteren Anstieg, so daß die zwei Jahrzehnte des wirtschaftlichen Aufschwungs bis zum Ende des Ersten Weltkriegs durch ein niedriges Bevölkerungswachstum gekennzeichnet waren, während die folgenden zwei Jahrzehnte einen Zuwachs von 306 Millionen (1921) auf 389 Millionen (1941) brachten. Die wachsende Bevölkerung konnte nicht durch eine entsprechende Industrialisierung absorbiert werden, sondern erhöhte den Druck auf die Landwirtschaft, in der im 20. Jahrhundert keine umfangreiche Vergrößerung der Nutzfläche stattfand.

Eine eigenständige Industrie, die nicht für den Export, sondern für den einheimischen Markt produzierte, entwickelte sich in Indien geradezu gegen den Willen der Briten und ohne wesentliche Beteiligung britischen Kapitals — die Baumwolltextilindustrie Bombays. Schutzzölle durfte diese Industrie nicht erwarten, im Gegenteil, jeder Zoll, der auch nur eine solche Nebenwirkung gehabt hätte, wurde der britisch-indischen Regierung von London aus strikt verboten. Die Arbeiterschutzbestimmungen Englands, die sogenannten Factory Acts, wurden aber unverzüglich auf Indien übertragen. Wenn es heute in Indien schwierig ist, die dort reichlich vorhandene billige Arbeitskraft zu nützen, weil die Schutzbestimmungen aus der Industriearbeiterschaft eine in diesem Lande geradezu privilegierte Klasse machen, so ist das weniger einem sozialistischen Übereifer der indischen Regierung zuzuschreiben, sondern geht zurück auf die Befürchtungen der britischen Kapitalisten des 19. Jahrhunderts, die zu verhindern wußten, daß ihre Konkurrenten in Indien unter günstigeren Bedingungen produzierten.

Die einzige Industrie, die von den Briten gefördert wurde, war die Juteindustrie Kalkuttas und der Kohlebergbau im Gebiet um Dhanbad. Die Juteindustrie, die in Schottland ihren Ausgangspunkt hatte, war von den Schotten deshalb in die Nähe der Anbaugebiete der Rohjute in Bengalen verlegt worden, weil Jutematerial im wesentlichen zur Verpackung der aus Indien exportierten Agrar- und Plantagenprodukte benutzt wurde. Der Kohlebergbau wurde gefördert, weil die Eisenbahnen und die Juteindustrie Kohle brauchten. Das ganze System wurde von sogenannten Managing Agencies beherrscht, die zugleich Kohlegruben, Teeplantagen und Jutefabriken und möglichst auch noch Schiffahrtsagenturen betrieben, das Kapital für ihre Unternehmungen unter verschiedensten Firmennamen aufnahmen und nicht nur eine beträchtliche Kommission einstrichen, sondern durch gelenkte Transaktionen der Firmen unter ihrer Kontrolle zusätzlichen Gewinn machten. Das ganze System war restriktiv und nicht dazu geeignet, Indien industriell zu erschließen. Die betreffenden Industrien waren exportorientiert und daher stark von den Schwankungen des Weltmarkts abhängig. Sie waren Enklaven in der Wirtschaft des Landes und trugen wenig zu seiner Entwicklung bei.

Die geringfügigen Entwicklungsansätze unter kolonialer Herrschaft hatten auch noch den weiteren Nachteil, daß sich alles in den peripheren Wasserköpfen Bombay und Kalkutta konzentrierte, während das Innere des Landes geradezu enturbanisiert wurde. So hatte zum Beispiel die Gangesebene im 17. Jahrhundert einen größeren urbanen Bevölkerungsanteil als im 19. Jahrhundert. Der Ausbau des Eisenbahnnetzes war ebenfalls so erfolgt, daß die Rohstoffgebiete mit den großen Häfen Bombay und Kalkutta verbunden wurden, und war nicht etwa unter dem Gesichtspunkt der Erschließung des Potentials der Mittelstädte des Landesinneren geplant worden. Wo immer solche Mittelstädte überhaupt an Bedeutung gewannen, taten sie es als Umschlagplätze und Verladestationen. Nur in wenigen Fällen gelang einer Stadt ein Entwicklungssprung wie etwa der Stadt Sholapur in Maharashtra, die in den 1860er Jahren als damaliger Endpunkt der Eisenbahnstrecke zum Sammelpunkt und Verladeplatz der Rohbaumwolle des Hochlandes und in späteren Jahrzehnten zum Standort einer eigenen Textilindustrie wurde. Nur dort, wo es Fürsten gab, die der neuen Zeit aufgeschlossen waren und sich um die Industrialisierung ihres Staates bemühten, wie die Maharajas von Mysore, die Bangalore entwickelten, konnte auch im Innern des Landes ein industrieller Schwerpunkt entstehen. Eine weitere Möglichkeit, die Errichtung einer Industriestadt auf der „grünen Wiese" in der Nähe geeigneter Rohstoffgebiete, wurde unter britischer Herrschaft eigentlich nur von der Firma Tata in Jamshedpur realisiert, obwohl Süd-Bihar und Orissa mit ihren reichen Kohle- und Erzvorräten dazu einluden.

Ebenso wie auf dem Gebiet der Industrialisierung blieben auch die Ansätze zur Modernisierung der Landwirtschaft unter kolonialer Herrschaft sehr bescheiden. Der Plantagenanbau von Tee und in sehr viel geringerem Maße von Kaffee und Kautschuk blieb auf wenige Enklaven beschränkt und wurde zu einem großen Teil von britischen Pflanzern betrieben. Alle anderen Nutzfrüchte wie Jute, Indigo, Opium und Baumwolle wurden im Rahmen der kleinbäuerlichen Wirtschaft angebaut und zumeist durch drückende Steuer- und Pachtabgaben und zur Schuldknechtschaft führende Vorauszahlungen zu niedrigsten Preisen den Kleinbauern abgepreßt, die nur in den seltensten Fällen selbst an dem Reichtum, den sie produzierten, teilhaben konnten. Wo dies einmal geschah, wie zur Zeit der Baumwollkonjunktur in Maharashtra, als der amerikanische Bürgerkrieg vorübergehend die amerikanischen Exporte drosselte, machte sich der Rückschlag dann um so stärker bemerkbar, als die Konjunktur ebenso plötzlich vorüber war. Obwohl sich die mit Nutzfrüchten bebaute Fläche auf Kosten des Nahrungsmittelanbaus in Indien unter kolonialer Herrschaft beträchtlich ausdehnte, bedeutete dies keinesfalls einen Durchbruch zur kapitalistischen Landwirtschaft und eine Entstehung moderner Großbetriebe oder auch besonders intensiv und effizient bewirtschafteter Kleinbetriebe, sondern nur die Ausbeutung einer in ihrer traditionellen Organisationsform verharrenden kleinbäuerlichen Landwirtschaft. Diese Ausbeutung wurde nicht nur von der Kolonialmacht betrieben, sondern auch von Rentier-Grundherren und von Geldverleihern, die oft die verschuldeten Bauern zu Landarbeitern auf dem eigenen Land machten und den gesamten von ihnen geschaffenen Mehrwert rücksichtslos abschöpften, worin sie das gläubigerfreundliche Recht der Kolonialherren noch bestärkte. Das auf diese Weise aus der Landwirtschaft abgeschöpfte Kapital kam aber aus den bereits erwähnten Gründen nicht der Investition in der Industrie zugute, sondern wurde wiederum zu Landkauf und Geldverleih eingesetzt und zum großen Teil dem Konsum oder der Hortung von Gold und Wertsachen zugeführt. Kapitalistische Verhaltensweisen der Briten und vorkapitalistische Gepflogenheiten der Inder ergänzten sich. Die einen machten die großen Exportgewinne, die anderen nutzten das System, um traditionelle Abhängigkeitsverhältnisse zu zementieren oder gar nach altem Muster neu zu schaffen.

Das unabhängige Indien trat daher eine Erbschaft an, die nicht zu kühnen Hoffnungen Anlaß bot. Die Regierung versuchte mit dem Mittel der Fünfjahrespläne die Entwicklung in Gang zu bringen und betonte dabei vor allem im zweiten Plan 1956—1961 allzu einseitig die Industrialisierung, besonders die kapitalintensive Stahlindustrie, von der sie sich nach weitverbreiteten Wirtschaftstheorien der Zeit einen Durchbruch erhoffte, der zum "take-off" führen sollte. Um die Fünfjahrespläne finanzieren zu können, war man seit 1957 auf ausländische Hilfe angewiesen. Die Vernachlässigung der Agrarproduktion hatte zur Folge, daß man ab 1960 von Amerika mehrere Millionen Tonnen Weizen erbat. Das Bevölkerungswachstum machte die Ernährungslücke noch fühlbarer. Die Volkszählung von 1961 ergab eine Gesamtzahl von 439 Millionen und damit einen Zuwachs von 78 Millionen gegenüber der letzten Volkszählung von 1951. Die durchschnittliche Jahreszuwachsrate von rund zwei Prozent ist dabei durchaus nicht hoch, verglichen mit der anderer Entwicklungsländer, sie wird weniger durch die Geburtenrate als durch die wachsenden Überlebenschancen verursacht. Aber die gewaltigen Dimensionen des Landes und seiner Bevölkerung machen dieses Wachstum dennoch zu einem Problem. Geburtenkontrolle, von der Regierung eifrig propagiert, hat als isolierte Maßnahme bisher noch keine befriedigenden Auswirkungen gehabt, weil die flankierenden Maßnahmen allgemeiner sozialer und gesundheitlicher Fürsorge selbstverständlich noch nicht gewährleistet werden konnten.

Die Weizenlieferungen halfen der Regierung, den Nahrungsmittelgetreidepreis niedrig zu halten und das preistreiberische Horten von Getreide zu bekämpfen, aber diese stark am Bedarf der städtischen Bevölkerung orientierte Politik bot natürlich der Landwirtschaft keinen Anreiz zur Produktionssteigerung. Dieser Anreiz ergab sich erst, als die Preispolitik der Regierung in einer Dürreperiode 1965/66 zusammenbrach und die Agrarpreise stiegen, obwohl allein in den Jahren 1965—1967 insgesamt 26 Millionen Tonnen Weizen eingeführt wurden. Die Folge der steigenden Agrarpreise war einerseits die sogenannte „Grüne Revolution", eine Produktionssteigerung, die Indien schon hoffen ließ, die nationale Selbstversorgung auf die Dauer erreicht zu haben, andererseits aber auch der Zusammenbruch der Fünfjahrespläne und eine Rezession der Industrie, die sich über die die Volkswirtschaft tragende Agrarbasis hinausentwickelt hatte und nun ihre Krisenanfälligkeit erwies. Neue Dürrejahre 1972 und 1974 zerstörten dann die Hoffnungen der „Grünen Revolution" und verschärften die Schwierigkeiten der Industrie. Um das Maß voll zu machen, wurde Indien nun auch noch von der Weltenergiekrise empfindlich getroffen. Der Ausbau der eigenen Erdölförderung hatte ursprünglich darunter gelitten, daß die internationalen Erdölgesellschaften nicht daran interessiert waren, in einem großen Verbraucherland Öl zu finden. Erst mit sowjetischer Hilfe war Indien auf diesem Gebiet in den Jahren 1960—1964 ein entscheidender Durchbruch gelungen, der aber natürlich noch nicht die Selbstversorgung erreichen ließ. Wie gewaltig die Öleinfuhr den knappen Devisenhaushalt belastet, zeigt die Tatsache, daß Indien in den 1960er Jahren durchschnittlich 100 Millionen Dollar pro Jahr dafür ausgab, 1973 dagegen 350 Millionen und 1974 bereits eine Milliarde Dollar. Genauso nahmen auch die Ausgaben für Düngemittelimporte von 250 Millionen im Jahre 1973 auf 750 Millionen im Jahre 1974 zu.

Dieses Zusammentreffen ungünstiger externer und interner Umstände trieb Indien in eine galoppierende Inflation. Die indische Rupie war 1966 um rund ein Drittel abgewertet worden, um den legalen Wechselkurs an den realen anzugleichen und den

Export zu fördern. Diese positive Wirkung blieb aber weitgehend aus, und es machte sich schon damals eine Beschleunigung der Inflation bemerkbar, die in den Jahren 1973/74 vorübergehend die alarmierende Rate von etwa 30 % pro Jahr erreicht hat. Die Inflation ist freilich auch in hohem Maße darauf zurückzuführen, daß die Regierung allzu oft Entwicklungsaufgaben nicht durch Anziehen der Steuerschraube, sondern durch das Ankurbeln der Notenpresse finanziert hat. Die Inflation erweist sich dabei als eine der in Indien ohnehin beliebten indirekten Steuern, die die große Masse der Bevölkerung treffen und damit zur Zeit noch politisch ungefährlicher sind als direkte Steuern, die den reichen und daher auch einflußreichen Schichten der Bevölkerung abgefordert werden müßten. Besonders der Agrarsektor ist bisher kaum besteuert worden. Die alte Grundsteuer, die die Briten zunächst mit großem Eifer erhoben hatten und die im 19. Jahrhundert noch die Hälfte der Staatseinnahmen ausmachte, war schon gegen Ende ihrer Herrschaft an Bedeutung zurückgegangen, da Zölle und Umsatzsteuern etc. wesentlich mehr einbrachten. Neue Grundsteuerveranlagungen waren seit den 1930er Jahren unterblieben. Im unabhängigen Indien überstiegen die entsprechenden Verwaltungskosten bald die Einkünfte aus der Grundsteuer, und sie wurde schließlich in vielen Bundesländern abgeschafft. Man ersetzte sie jedoch auch nicht rechtzeitig durch eine Agrareinkommensteuer, da diese besonders die reichen Bauern und damit die Hausmacht der Kongreßpartei betroffen hätte. Auch die städtischen Wirtschaftskreise, die sich dem Rahmen einer stark reglementierten Wirtschaft anpaßten und mit Korruption und Steuerhinterziehung eine „parallele Wirtschaft" aufbauten, die sich dem Zugriff der Regierung entzog, wagte man lange Zeit nicht anzutasten. Nach seinem überwältigenden Wahlsieg fühlte sich Rajiv Gandhi in der Lage, hier einen Kurswechsel zu vollziehen: Einerseits wurden Steuererleichterungen gewährt und eine allgemeine Liberalisierung eingeführt, andererseits aber demonstrativ einige der prominentesten Wirtschaftsführer mit Steuerfahndungen überrascht, die zeigen sollten, daß das neue Regime bereit ist, energisch durchzugreifen.

Gute Ernten sicherten Rajiv Gandhi insgesamt einen guten Einstand. Beim Weizen kam es sogar zur Überproduktion, die die Regierung vor das Problem stellte, was man nun mit dem Überfluß anfangen solle, der sich aufgrund der durch Subsidien überhöhten Inlandpreise auch nicht exportieren läßt. Die Abhängigkeit von der Landwirtschaft und vom wetterwendischen Monsun ist aber immer noch nicht überwunden. Die Kurve des indischen Prokopfeinkommens zeigt zwar seit Jahrzehnten einen stetigen Anstieg, aber nach 1966 sind stärkere Schwankungen zu verzeichnen, die jeweils durch das Zusammentreffen guter oder schlechter Ernten mit Phänomenen des Weltmarkts (Ölpreisanstieg usw.) verursacht wurden. Die Entwicklung hat daher die Krisenanfälligkeit erhöht. Die ertragreicheren Getreidesorten, die zur Steigerung der Agrarproduktion beigetragen haben, sind sehr viel mehr als die alten Sorten von Bewässerung und Kunstdünger abhängig. Ein schlechter Monsun und ein hoher Düngerpreis können daher empfindliche Rückschläge herbeiführen. Politik und Wirtschaft Indiens werden von solchen Faktoren nach wie vor entscheidend bestimmt.

Fehlt es an Wolken über dem Land, so ziehen sich statt dessen welche über den Häuptern der Minister zusammen, die nur hoffen können, daß bis zur nächsten Wahl der Monsun dem Land noch eine gute Ernte beschert.

7.4. Der überforderte Staat und die traditionale Gesellschaft

Trotz der Abhängigkeit von Monsun und Wählergunst sieht sich die indische Regierung doch in der Rolle des "big government", der alles bestimmenden Macht, die die Geschicke des Volkes lenkt, und sie wird auch vom Volk so gesehen. Dabei sind ihre Mittel durchaus beschränkt. Der indische Bundeshaushalt betrug 1975 ca. 100 Milliarden Rupies, das waren etwa 33 Milliarden DM. Davon wurden ca. 20% vom Verteidigungsetat beansprucht, der durch die regionalen Konflikte angewachsen ist. Dieser Bundeshaushalt war nur etwa dreimal so groß wie der

der Schweiz, die für die Verteidigung sogar einen höheren Prozentsatz verwendet, so daß der Verteidigungsetat nahezu die Hälfte des indischen erreicht. Die Manövriermasse des indischen Staates, mit der er zum Beispiel über die Erteilung von Regierungsaufträgen, durch Infrastrukturausbau oder auch gesteuerte soziale Hilfsmaßnahmen in die Wirtschaftsentwicklung eingreifen kann, ist also äußerst gering. Es ist daher kein Wunder, daß der Staat überfordert ist, wenn man von ihm unter diesen Bedingungen die rasche Umgestaltung des Schicksals der Nation erwartet. Kritiker haben das Schlagwort "soft state" gebraucht, um das Versagen dieses Staates vor seinen Aufgaben zu geißeln. Doch sollte sich dieser Staat vom „weichen" zum „harten" Staat wandeln, wäre dazu weit mehr nötig als nur ein Anziehen der Zügel. Der Staat müßte sich in einem Wandel der Gesellschaft erneuern. Die traditionale Gesellschaft besteht aber in Indien noch weitgehend ungebrochen fort. Das Rückgrat dieser Gesellschaft ist die hierarchisch gegliederte Agrargesellschaft, an deren Spitze die reiche Bauernschaft steht, von der die große Mehrheit der ländlichen Bevölkerung, die unter der Selbstversorgungsschwelle lebt, abhängt. Bei einer hierarchischen Ordnung denkt man im Falle Indiens sofort an das Kastensystem. Doch dieses System ist weniger Grund als Ausdrucksform der Ungleichheit. Die wirtschaftlich und politisch Mächtigen haben es immer verstanden, ihre Macht zu wahren und zu nutzen, auch wenn sie aus niedrigen Kasten stammten. Die Armen haben sich in ihr Schicksal ergeben: waren sie von niedriger Kaste, so hielten sie es für ihrer Herkunft angemessen, waren sie von höherer Kaste, so sahen sie darin eine Kompensation für das, was ihnen an Wohlstand fehlte. In der Agrargesellschaft zählen vor allem der Landbesitz und die Abhängigkeitsverhältnisse, die sich aus seiner ungleichen Verteilung ergeben. Diese Abhängigkeitsverhältnisse sind jeweils individuell verschieden. Nur die landlosen Lohnarbeiter mögen Gemeinsamkeiten finden und daher auch geneigt sein, gegen die Besitzenden gemeinsame Sache zu machen. Aber sie sind noch eine Minderheit, und die Konkurrenz der an die Scholle gebundenen

Kleinbauern, die ebenfalls saisonal als Lohnarbeiter auftreten, hält sie in Schach, falls sie nicht ohnehin in die Schuldknechtschaft ihrer Arbeitgeber geraten sind und damit auch ihre Freizügigkeit eingebüßt haben. Bevölkerungsdruck und Arbeitslosigkeit sind Sachzwänge, die diese Gesellschaftsordnung zunächst sogar erhalten und nicht erschüttern. Insofern ist diese Gesellschaft stabil und überfordert von sich aus den Staat nicht. Der Staat überfordert sich lediglich selbst, wenn er sich als Motor der gesellschaftlichen Entwicklung versteht und doch nur Ausdruck der bestehenden Verhältnisse sein kann. Dies führt in der Politik zu einer Rhetorik der Überforderung, die doch zugleich Hand in Hand geht mit einem pragmatischen Machtkalkül, das die Stabilität der traditionalen Gesellschaft einbezieht. Die Rhetorik der Überforderung entwickelt dabei jedoch eine gewisse Eigendynamik, sie weckt Hoffnungen und Ansprüche, die sie zwar nicht befriedigen, aber auch nicht verleugnen kann.

Der Staat steht zumindest seinem Anspruch nach auf der Seite der Modernisierung, des Säkularismus und des Abbaus sozialer Schranken. Für Nehru waren Säkularismus und Toleranz Schlüsselbegriffe, die er positiver und aktiver auslegte, als es ihrer Wortbedeutung zukommt, sie schlossen für ihn die alten revolutionären Ideale von Freiheit, Gleichheit und Brüderlichkeit ein. Er rechtfertigte die nichtrevolutionäre Machtübernahme und die Erhaltung der von den Briten übernommenen Staatsstruktur, indem er diesen Staat als moralische Anstalt auffaßte, in der die traditionale Gesellschaft zur modernen Nation werden sollte. Er stand mit dieser Auffassung einem Ranade oder Gokhale näher als einem Tilak oder Gandhi. Er trug freilich auf diese Weise dazu bei, daß man von diesem Staat national und international zuviel erwartete. Ungeduldige Kritiker aber mochten bemerken, daß hier doch nur die Erhaltung des status quo mit progressiven Parolen verbrämt wurde. Man konnte ihnen entgegnen, daß in einer Zeit, in der Chaos und Reaktion drohten, selbst die Erhaltung des Status quo eine wichtige Aufgabe war. Dieses Argument verliert freilich auf die Dauer an Überzeugungskraft, und was für die Jahre der Teilung und der

Geburt der Republik galt, läßt sich heute nicht wiederholen, nachdem eine neue Generation herangewachsen ist, die die Krisen und Errungenschaften jener Zeit nur noch dem Hörensagen nach kennt. Diese junge Generation sieht zur Zeit in Rajiv Gandhi das Symbol eines Neubeginns, doch genau wie Nehru zuvor dürfte nun auch sein Enkel Erwartungen wecken, die er nicht erfüllen kann. Das gewaltige Ausmaß ländlicher Armut läßt sich nicht rasch bewältigen. Die Entwicklungsplaner müssen sogar dafür dankbar sein, daß die rückständige Landwirtschaft viele Arbeitskräfte bindet und die Millionen der Armen nicht die Inseln isolierten Fortschritts überschwemmen. Unter diesen Umständen muß jede Regierung, die an der Macht bleiben will, zunächst an der Aufrechterhaltung des Status quo interessiert sein. Wer mit diesem Status quo unzufrieden ist und gegen die soziale Ungerechtigkeit rebellieren will, wird bald von der allgegenwärtigen Armut diszipliniert. Diejenigen, die das Glück haben, dem modernen Sektor von Wirtschaft und Gesellschaft anzugehören, und sei es auch nur in der bescheidenen Stellung eines Industriearbeiters mit gesichertem Arbeitsplatz, eines Soldaten in Indiens sorgfältig ausgewähltem Freiwilligenheer, eines kleinen Beamten oder Angestellten, dem seine Schulbildung einen Posten mit regelmäßigem Gehalt eingetragen hat, werden sich an diesen ihren Status quo klammern, denn das harte Schicksal der weniger Begünstigten ist ihnen ständig vor Augen. Starke, die Gesellschaft verändernde Kräfte können sich auf diese Weise kaum heranbilden, und das Schwergewicht der jahrhundertealten Agrargesellschaft, die den vielfältigen politischen Wandel überdauerte und die Kontinuität der indischen Geschichte bewirkte, wird weiterhin das Schicksal Indiens bestimmen. Der gewaltige Bevölkerungsanstieg der letzten Jahrzehnte hat dieses Schwergewicht noch vermehrt. So sind seit der Volkszählung von 1901 immer nur ca. 10 % der indischen Bevölkerung in der Industrie tätig, einem absoluten Zuwachs steht hier also eine relative Stagnation gegenüber, ein Charakterzug der neueren indischen Geschichte, der sich auch in bezug auf manch andere Indikatoren wirtschaftlichen und sozialen Wandels nachweisen ließe.

Das Spektrum zeitlich koexistenter menschlicher Erfahrung reicht heute in Indien von den Stammesangehörigen, die noch mit Pfeil und Bogen auf die Jagd gehen, bis zu den Kernphysikern, die Indien zur eigenen Atomexplosion verhalfen. Der Staat, der dieses Spektrum politisch erfassen will, steht vor einer historischen Aufgabe, die vergangenen Epochen nicht gestellt war und die erst in unserer Zeit entstanden ist. Die Faszination der indischen Geschichte liegt sowohl in der Kontinuität der Tradition als auch in der Größe der Aufgaben der Gegenwart, bei deren Bewältigung das Verständnis für diese Tradition und für Indiens historische Erfahrung notwendig sind.

BIBLIOGRAPHISCHE ANMERKUNGEN

Diese Anmerkungen dienen dem doppelten Zwecke, dem Leser weiterführende Literaturhinweise zu geben und die Werke zu nennen, auf die sich diese Darstellung der Geschichte Indiens stützt. Die Anmerkungen sind nach den Ziffern der Kapitel geordnet. Unter einer vorgeschalteten Ziffer 0 sind allgemeine Einführungen, Handbücher und Fachzeitschriften genannt. Einzelne Aufsätze sind nur dann aufgeführt, wenn sie in unmittelbarer Beziehung zum Text stehen. Ein umfangreicher Literaturbericht ist als Sonderheft 10 der ›Historischen Zeitschrift‹ erschienen: H. Kulke, H. J. Leue, J. Lütt, D. Rothermund, Indische Geschichte vom Altertum bis zur Gegenwart, München 1982.

0. *Allgemeines*

0.1. Handbücher und Gesamtdarstellungen

Das umfassendste Handbuch ist die Cambridge History of India. Bd. 1—6. Delhi 1957—62 (Neudruck). Eine kurze Zusammenfassung bietet die Oxford History of India von V. A. Smith und P. Spear, Oxford, 1961. Von indischer Seite ist R. C. Majumdar, H. C. Raychaudhuri und K. K. Datta, An Advanced History of India, London u. a. 1965 die repräsentativste Gesamtdarstellung. Ein umfangreiches Handbuch wurde vom Bharatiya Vidya Bhavan, Bombay, herausgegeben: History and Culture of the Indian People, bisher 11 Bde., Bombay 1951 ff.

Drei neuere Gesamtdarstellungen, bei denen jeweils ein Autor für die ältere und einer für die neuere Geschichte verantwortlich zeichnete, sind Romila Thapar und Percival Spear, A History of India, 2 Bde. Harmondsworth (Penguin Books) 1964; dt. Übersetzung: Indien. Von den Anfängen bis zum Kolonialismus, Zürich (Kindlers Kulturgeschichte) 1966; Friedrich Wilhelm und Ainslee Embree, Indien. Geschichte des Subkontinents von der Induskultur bis zum Beginn der britischen Herrschaft, Frankfurt 1967 (Fischer Weltgeschichte 17) und Hermann Kulke und Dietmar Rothermund, Geschichte Indiens, Stuttgart 1982.

Eine interessante Gesamtschau der indischen Geschichte hat Wilhelm von Pochhammer, der lange Jahre als deutscher Diplomat in Indien tätig war, in seinem Buch ›Indiens Weg zur Nation‹, Bremen (Schünemann) 1973 vorgelegt. Besondere Beachtung verdienen auch die Werke von Hermann Goetz, Epochen der indischen Kultur, Leipzig 1929 und Geschichte Indiens, Stuttgart 1962 (Urban Bücher).

Der in der Reihe ›Weltgeschichte in Einzeldarstellungen‹ erschienene Band ›Geschichte Asiens‹ von Ernst Waldschmidt, Ludwig Alsdorf, Bertold Spuler, H. O. Stange und Oskar Kressler, München (Bruckmann) 1950, enthält Beiträge zur Geschichte des indischen Altertums (Waldschmidt) und über Indien von der mohammedanischen Eroberung bis zur Gegenwart (Alsdorf) und einen für die Beziehungen zwischen Indien und Zentralasien sehr wichtigen Beitrag über die Geschichte Mittelasiens (Spuler). Ferner sei auf die Bände der Saeculum Weltgeschichte hingewiesen, in der mehrere Beiträge über Indien enthalten sind. Ein Handbuch zur indischen Wirtschaftsgeschichte ist die zweibändige Cambridge Economic History of India, Vol. I ed. by Irfan Habib and Tapankumar Raychauduri (1981) Vol. II ed. by Dharma Kumar (1982).

Eine nützliche bibliographische Arbeit zur neueren Geschichte ist M. H. Case, South Asian History, 1750—1950: A Guide to Periodicals, Dissertations and Newspapers, Princeton 1968.

0.2. Zeitschriften etc.

Spezifisch der indischen Geschichte gewidmet sind das Journal of Indian History 1923 ff. und das Indian History Review (Indian Council of Historical Research) 1974 ff. Für die neuere Sozial- und Wirtschaftsgeschichte ist von besonderer Bedeutung das Indian Economic and Social History Review 1964 ff.

Ferner sind zu beachten die jährlichen Proceedings of the Indian History Congress, 1935 ff., sowie die Proceedings of the Indian Historical Records Commission, 1925 ff.

Das von der amerikanischen Association of Asian Studies herausgegebene Journal of Asian Studies (früher Far Eastern Quarterly) enthält seit seiner Umbenennung im Jahre 1955/56 in wachsendem Maße auch Aufsätze zur Geschichte Indiens. Ein noch stärkeres Interesse an Indien zeigt die Zeitschrift Modern Asian Studies, Cambridge

University Press 1967 ff. Schwerpunktmäßig auf Indien konzentriert ist die Zeitschrift ›South Asia‹, die von der australischen Association of South Asian Studies in Verbindung mit dem Südasien-Institut der Universität Heidelberg herausgegeben wird (Western Australia University Press, seit 1971). Die Zeitschrift ›Indo Asia — Vierteljahreshefte für Politik, Kultur und Wirtschaft Indiens‹. Stuttgart, W. Kohlhammer Verlag seit 1959 und ab 1970 Tübingen, H. Erdmann Verlag, enthält ebenfalls gelegentlich Aufsätze über die Geschichte Indiens.

1. Regionen und Perioden

Bisher fehlt es an eingehenden Studien zur historischen Geographie Indiens. Ein Historical Atlas of South Asia, ed. J. E. Schwartzberg ist 1979 erschienen (Chicago University Press). Das geographische Standardwerk von O. H. K. Spate und A. T. A. Learmonth, India and Pakistan, London (Methuen) 1967, enthält wertvolle Hinweise für den Historiker. Aus archäologischer Sicht schrieb Bendapuddi Subbarao das ausgezeichnete Buch "The Personality of India — Pre- and Proto-Historic Foundations of India and Pakistan", Baroda (M. S. University Archaeological Series No. 3) 1958, das wesentliche Anregungen für eine historische Regionalisierung Indiens gibt.

2. Die Entstehung der indischen Hochkultur

2.1. Die Epochen der Vorgeschichte

Die beste neuere Zusammenfassung des Forschungsstandes auf dem Gebiet der Vor- und Frühgeschichte Indiens geben Bridget und Raymond Allchin, The Birth of Indian Civilization, Harmondsworth (Penguin) 1968, ferner auch B. Subbarao in dem bereits erwähnten Werk ›The Personality of India‹.

2.2. Indien im Zeitalter der Induskultur

S. Piggott, Prehistoric India, Harmondsworth (Penguin) 1950, gibt den besten Überblick über Mohenjo Daro und Harappa. Sir Mortimer

Wheeler, der an den Ausgrabungen der Induskultur maßgeblich beteiligt war, veröffentlichte ›The Indus Civilization‹, Cambridge University Press 3. Aufl. 1968. Heinz Mode, Das frühe Indien, Stuttgart 1959, gibt die beste Darstellung dieser Periode in deutscher Sprache. Berichte über weitere Ausgrabungen in Indien enthält die periodische Veröffentlichung ›Indian Archaeology—A Review‹, New Delhi 1954 ff.

2.3. Die Einwanderung der Arier und die Durchdringung der Gangesebene

Alle Darstellungen der alten Geschichte Indiens setzen sich mit der Frage der arischen Einwanderung und der Kolonisation der Gangesebene auseinander, hier seien nur einige Standardwerke erwähnt: A. L. Basham, The Wonder that was India, London (Sidgwick a. Jackson) 3. Aufl. 1967; D. D. Kosambi, An Introduction to the Study of Indian History, Bombay 1956, und derselbe, The Culture and Civilization of Ancient India, London 1965. Gordon Childe, The Aryans, London 1926. Wilhelm Rau hat aufgrund eingehender Studien der Brahmana Texte in seinem Werk ›Staat und Gesellschaft im alten Indien‹, Wiesbaden (Harrassowitz) 1957, die politischen Institutionen der Arier dargestellt.

2.4. Der Aufstieg des ersten indischen Großreiches

Eine detaillierte Darstellung des Maurya-Reiches und des Staatslehrbuches Arthashastra gibt A. L. Basham in seinem bereits erwähnten Werk. Friedrich Wilhelm, Politische Polemiken im Staatslehrbuch des Kautalya, Wiesbaden 1960, beschäftigt sich speziell mit dem genannten Text. Die Inschriften Ashokas liegen im ersten Band des Corpus Inscriptionum Indicarum (ed. E. Hultzsch) London 1925 vor. Den Niedergang des Reiches behandelt Romila Thapar, Asoka and the Decline of the Mauryas, London (Oxford University Press) 1961.

3. Hinduistischer Herrschaftsstil und Regionalkultur

3.1. Brahmanen und Epigonen: Der Hinduismus und die Vielfalt der Staaten

Die umfassendste Darstellung des Hinduismus in deutscher Sprache bietet Helmut von Glasenapp, Der Hinduismus. Religion und Gesellschaft im alten Indien, München 1922. Eine prägnante Analyse aus indischer Sicht liefert K. M. Sen, Hinduism, Baltimore 1961. Den hinduistischen Feudalismus untersucht R. S. Sharma, Indian Feudalism, Kalkutta 1965. Anregende Bemerkungen zu den Themen ›Feudalism from below‹ und ›Feudalism from above‹ enthält das bereits genannte Werk von D. D. Kosambi, Introduction to the Study of Indian History. Die Entwicklung des von den Brahmanen interpretierten Rechts untersucht P. V. Kane in seinem monumentalen Werk ›History of Dharmashastra‹, 6 Bde., Puna 1932—1960. J. Jolly, Recht und Sitte. Einschließlich der einheimischen Litteratur, Straßburg 1896, und G. Bühler, The Laws of Manu, Delhi 1964 (Neudruck) sind ebenfalls von grundlegender Bedeutung. Eine gute Quellensammlung bietet W. Th. de Bary, Sources of Indian Tradition, New York 1958.

Das Kastenwesen ist Gegenstand vieler Untersuchungen, die oft von sehr gegensätzlichen Standpunkten ausgehen. Eine Möglichkeit ist es, das Kastensystem unter dem Aspekt der rituellen Reinheit zu betrachten. Der französische Anthropologe Louis Dumont, Homo Hierarchicus. Essai sur le système des castes, Paris 1966, ist zur Zeit der konsequenteste Vertreter dieser Richtung. Eine andere Möglichkeit besteht darin, die praktischen Funktionen und Auswirkungen des Kastensystems zu betonen. Ein Standardwerk dieser Richtung ist das Buch des indischen Soziologen G. S. Ghurye, das zuerst unter dem Titel Caste and Race in India, London 1932 erschienen ist und inzwischen in mehreren revidierten Neuauflagen unter verschiedenen Titeln (z. B. Caste, Class and Occupation in India) vorliegt; die neueste Ausgabe heißt wiederum Caste and Race in India, Bombay, 5. Aufl. 1969. Erwähnenswert ist auch der Artikel ›Caste Systems‹ in der Encyclopedia Britannica, Bd. 3 (1974), S. 982—991.

3.2. Der höfische Herrschaftsstil und seine Ausstrahlung

Einen guten Überblick über die Ausbildung des höfischen Herrschaftsstils und zugleich die beste Darstellung der Geschichte Südindiens gibt Nilakanta Sastri, A History of South India, London (Oxford University Press) 2. Aufl. 1958. Das Standardwerk über die Ausstrahlung dieses Herrschaftsstils nach Südostasien ist Georges Coedès, Les Etats Hindouisés d'Indochine et d'Indonésie, Paris 1964, Engl. Übersetzung: The Indianized States of Southeast Asia, Honolulu 1968.

Für die indischen Historiker in der Zeit des Freiheitskampfes bedeutete die Entdeckung dieser frühen Ausstrahlung indischer Kultur ein Zeugnis ihrer nationalen Größe. Von besonderer Bedeutung waren in diesem Zusammenhang R. C. Majumdar, Ancient Indian Colonies in the Far East, 2 Bde. in vier Teilen, Lahore, Dacca und Madras, 1927—1944, und Radhakumud Mukherjee, Indian Shipping. A history of the sea-borne trade and maritime activity of the Indians from the earliest times, 1. Aufl. Bombay 1912, Neudruck Allahabad 1962. Siehe hierzu auch den Aufsatz des Verfassers ›Indiens Verhältnis zu seiner Geschichte‹, Indo-Asia. Vierteljahresheft für Politik, Kultur und Wirtschaft Indiens. Heft 1, 1975, S. 41—50.

3.3. Die Verfeinerung der Hofkultur und die Entwicklung regionaler Kulturen

Die Verfeinerung der Hofkultur wird im Text hauptsächlich durch einen Hinweis auf die Entwicklung der bildenden Kunst, vor allem der Tempelskulptur, erläutert. Es seien daher hier einige Werke über die indische Kunst genannt, die freilich nicht unter diesem Gesichtspunkt geschrieben worden sind, aber Material hierzu enthalten.

Der Indien-Band von Hermann Goetz in der Reihe Kunst der Welt, Baden-Baden (Holle) 1960, ist die beste Einführung. Gutes Bildmaterial bietet Helmut von Glasenapp, Heilige Stätten Indiens. Die Wallfahrtsorte der Hindus, Jainas und Buddhisten, ihre Legenden und ihr Kultus, München 1928.

Die Entwicklung der Regionalkulturen ist bisher noch nicht genügend untersucht worden. Ansätze hierzu liegen in Darstellungen der Regionalliteraturen, z. B. der Sprachen Bengali, Marathi, Kannada,

Tamil etc., vor. Für die Literaturen des dravidischen Südens gibt das entsprechende Kapitel in dem bereits erwähnten Werk von Nikkanta Sastri, A History of South India, einen guten Überblick.

Eine interessante Interpretation einer Sequenz regionaler Integrationen bietet Burton Stein in seinem Beitrag ›Integration of the Agrarian System of South India‹ zu dem Sammelband von Robert Frykenberg, ed., Land Control and Social Structure in Indian History, Madison (University of Wisconsin Press) 1969. Ein Versuch, der Regionalkulturentwicklung am Beispiel einer Region zu folgen, ist das Orissa-Projekt des Sonderforschungsbereiches 16 Südasienforschung. Eine Zusammenfassung der Ergebnisse dieses Projekts: A. Eschmann, H. Kulke, G. C. Tripathi (Hrsg.), The Cult of Jagannath and the Regional Tradition of Orissa, New Delhi 1978. Ferner siehe H. Kulke, Jagannatha-Kult und Gajapati-Königtum: Ein Beitrag zur Geschichte religiöser Legitimation hinduistischer Herrschaft, Wiesbaden 1979. Einen weiteren Überblick bietet der Sammelband: H. Kulke und D. Rothermund (Hrsg.), Regionale Tradition in Südasien, Wiesbaden 1985.

4. Der Einbruch islamischer Herrscher und der Widerstand des Südens

4.1. Das Sultanat Delhi, die Sultanate des Südens und das Reich von Vijayanagar

Eine umfassende Darstellung der Epoche gibt Band 6 der History and Culture of the Indian People: The Delhi Sultanate, Bombay 1960. Speziell über Vijayanagar: N. Sastri, op. cit., R. Sewell, A Forgotten Empire, London 1900, B. A. Saletore, Social and Political Life in the Vijayanagar Empire, 2 Bde., Madras 1934. J. D. M. Derrett, The Hoysalas, London (Oxford University Press) 1955, ist eine Darstellung des Königreichs, das von Vijayanagar besiegt und annektiert wurde. Zur Strategie der Epoche besonders wichtig: Simon Digby, War-Horse and Elephant in the Delhi Sultanate, London (Orient Monographs) 1971.

4.2. Das Mogulreich und der Aufstieg der Marathen

H. Blochmann, The Ain-i-Akbari, Delhi 1965 (Neudruck) ist die bekannteste Textedition des zeitgenössischen Berichts des Abul Fazl über die Verwaltung des Mogulreiches. W. H. Moreland, lange Zeit britischer Verwaltungsbeamter in Nordindien, schrieb eine Reihe bedeutender Werke zur Mogulgeschichte: India at the Death of Akbar, London 1923; The Agrarian System of Moslem India, London 1923. Das letztgenannte Werk wurde überholt durch das neue Standardwerk von Irfan Habib, The Agrarian System of Mughal India (1556—1707), Bombay 1963. Die entscheidende Wandlung der herrschenden Elite im Zuge der Eroberung des Südens durch Aurangzeb behandelt M. Athar Ali, The Mughal Nobility under Aurangzeb, Bombay 1966. Diesem Werk sind auch die Zahlenangaben im Text entnommen. Sie sind jedoch nicht in der angegebenen Form dort zu finden, sondern wurden vom Verfasser aufgrund der von M. Athar Ali wiedergegebenen Listen der Nobilität zusammengestellt.

Den Niedergang des Mogulreiches im Zusammenhang mit dem Aufstieg der Marathen hat der bedeutende indische Historiker Jadunath Sarkar in seinen Werken geschildert: History of Aurangzeb, 5 Bde., Kalkutta 1912—1930; Shivaji and His Times, Kalkutta 1961; The House of Shivaji, Kalkutta 1955. Die Geschichte der Marathen schrieb G. Sardesai, New History of the Marathas, 3 Bde., Bombay 1958 (Neudruck). Mit den Gründen der militärischen Erfolge der Marathen beschäftigte sich S. N. Sen, The Military System of the Marathas, Bombay 1958. M. G. Ranade, der im Text auch als bedeutender Vertreter des indischen Nationalismus erwähnt wird, schrieb The Rise of the Maratha Power, Bombay 1961 (Neudruck). Die Geschichte der Marathen fand sogar im 18. Jahrhundert bereits in Deutschland Beachtung. M. Sprengel, ein Schüler Schlözers, Bibliothekar und Professor in Halle, veröffentlichte eine ›Geschichte der Marathen bis auf den letzten Frieden mit England den 17. May 1782‹, Halle 1786, und war damit der erste Autor, der eine solche Geschichte vorlegte, die freilich auf zeitgenössischen britischen Berichten beruhte.

Für die Geschichte des Mogulreiches im 18. Jahrhundert sind besonders wichtig die Bücher von Satish Chandra, Parties and Politics at the Mughal Court, 1704—1740, Aligarh 1959, und Percival Spear, Twilight of the Moghuls. Studies in late Moghul Delhi, Cambridge 1951. Ferner gibt es auch über diese Periode ein monumentales Werk von Jadunath Sarkar, The Fall of the Mughal Empire, 4 Bde., Kalkutta 1932—1950.

5. Die britische Kolonialherrschaft

5.1. Von der Handelsgesellschaft zur Territorialmacht

Die Gründungszeit der britischen Ostindiengesellschaft beschreibt K. N. Chaudhuri, The English East India Company —The Study of an Early Joint Stock Company, 1600—1640, London 1965. Den Indienhandel der holländischen Ostindiengesellschaft behandelt Tapankumar Raychaudhuri, Jan Company in Coromandel, 1605—1690, A Study in the Interrelations of European Commerce and Traditional Economies, Den Haag 1962. Das Thema der Wechselbeziehungen zwischen europäischem und indischem Handel verfolgt auch Ashin Das Gupta, Malabar in Asian Trade, 1740—1800, Cambridge 1967. Eine ausgezeichnete Untersuchung vom Blickpunkt des europäischen Historikers des Seehandels ist Kristof Glamann, Dutch Asiatic Trade 1620 —1740, Kopenhagen 1958.

Den gesamten Rahmen der europäischen Expansion nach Übersee auch unter Berücksichtigung der Neuerungen in Nautik und Schiffsbau entwirft John H. Parry, Trade and Dominion. The European Overseas Empires in the Eighteenth Century, London 1971, deutsche Übersetzung: Europäische Kolonialreiche — Welthandel und Weltherrschaft im 18. Jahrhundert, München (Kindler) 1972. Ferner siehe auch D. Rothermund, Europa und Asien im Zeitalter des Merkantilismus, Darmstadt 1978. Ein wichtiges Spezialwerk ist Holden Furber, John Company at Work — A Study of European Expansion in India in the Late Eighteenth Century, London 1951. Dasselbe Thema, aber auf eine Region beschränkt und besonders auf die Wechselbeziehungen der privaten Händler und Ostindiengesellschaft angelegt, behandelt Pamela Nightingale, Trade and Empire in Western India, 1784—1806, London 1970. Die Umgehung des Monopols der Ostindiengesellschaft durch die eigenen Angestellten mittels anderer Gesellschaften zeigt Ole Feldbaek, India trade under the Danish flag 1782—1808. European enterprise and Anglo-Indian remittance and trade, Odense 1969. Die Stellung der Ostindiengesellschaft in der britischen Politik jener Zeit schildert Lucy Sutherland. The East India Company in Eighteenth Century Politics, Oxford 1952.

5.2. Die Konsolidierung der britischen Herrschaft

Die entscheidende Epoche der Konsolidierung schildert Peter Marshall, Problems of Empire-Britain and India, 1757—1813. London 1968. Derselbe Autor hat auch die neueste Arbeit über ein Thema vorgelegt, das seit eh und je die britische Geschichtsschreibung beschäftigt: The Impeachment of Warren Hastings, Oxford 1965.

Die wirtschaftlichen Konsequenzen britischer Territorialherrschaft beschreibt N. K. Sinha, The Economic History of Bengal — From Plassey to the Permanent Settlement, 2 Bde., Kalkutta 1956—1962. Die ideologischen Grundlagen des Permanent Settlement, besonders die Vorschläge von Philip Francis, analysiert Ranajit Guha, A Rule of Property for Bengal, Paris—Den Haag (Mouton) 1963. Ein Standardwerk über die Entwicklung der Ostindiengesellschaft als Herrschaftsorganisation ist C. H. Philips, The East India Company, 1784—1834, Manchester 1961. Das Leben der Briten in Indien in jener Zeit schildert Percival Spear, The Nabobs — A Study of the Social Life of the English in 18th Century India, London 1932, neue erweiterte Aufl. (Oxford Paperback) London 1963.

5.3. Der Aufbau der Verwaltung

Über die Entstehung und weitere Entwicklung des Verwaltungsdienstes der Ostindiengesellschaft berichtet A. K. Ghosal, An administrative study of the development of Civil Service in India during the Company's regime, London 1940. Den Ausbau des Verwaltungssystems beschreibt B. B. Misra, The Central Administration of the East India Company 1773—1834, Manchester 1959. Den Zusammenhang von Handel und Finanzen unter britischer Verwaltung untersucht A. Tripathi, Trade and Finance in the Bengal Presidency, 1793—1833, Bombay 1956. Über den Ausbau des Rechtswesens informiert M. V. Jain, Outlines of Indian Legal History, Bombay 1966. Den besonderen Einfluß Jeremy Benthams und der Utilitaristen auf die Verwaltung Indiens betont Eric Stokes, The English Utilitarians and India, London 1959. Zur britisch-indischen Grundsteuerverwaltung und Pächterschutzgesetzgebung siehe D. Rothermund, Government, Landlord and Peasant in India. Agrarian Relations under British Rule, 1865—1935, Wiesbaden 1978.

5.4. Fremdherrschaft, Tradition und Kollaboration

Eine grundlegende Studie über den britischen Versuch, sich ein Bild von der indischen Tradition zu machen, ist S. N. Mukherjee, Sir William Jones — A Study in Eighteenth Century British Attitudes to India, Cambridge 1968.
Eine Quellensammlung zum selben Thema ist Peter Marshall, ed., The British Discovery of Hinduism in the Eighteenth Century, Cambridge 1970. Untersuchungen der Rezeption des fremden Einflusses der Entwicklung neuer Bildungsinstitutionen und religiöser Strömungen etc. bringt der Sammelband A. Gupta, ed., Studies in the Bengal Renaissance, Kalkutta 1958.

6. *Der Freiheitskampf und die Teilung Indiens*

6.1. Die Entstehung des indischen Nationalismus

Der Verfasser hat in den ersten Kapiteln seines Buches ›Die politische Willensbildung in Indien, 1900—1960‹, Wiesbaden (Harrassowitz) 1965 versucht, auch die Anfänge des indischen Nationalismus im 19. Jahrhundert zu skizzieren. Dort finden sich weitere bibliographische Hinweise. Nach der Veröffentlichung dieses Buches sind erschienen: Anil Seal, The Emergence of Indian Nationalism, Cambridge 1968, und S. R. Mehrotra, The Emergence of the Indian National Congress, Delhi (Vikas) 1971. Besonders das letztere Werk ist eine sehr gründliche Studie der regionalen politischen Vereinigungen, die der Gründung des Nationalkongresses vorangingen. Eine wertvolle Studie des Beitrags des städtischen politischen Lebens zur Infrastruktur des indischen Nationalismus ist Christine Dobbins, Urban Leadership in Western India, Politics and Communities in Bombay City 1840—1885, London 1972.

6.2. Traditionalismus und Kommunalismus

Ein interessanter Beitrag zur Analyse des politischen Neo-Hinduismus ist Amit Sen, Notes on the Bengal Renaissance, Bombay 1946. Der Verfasser hat versucht, in einem Aufsatz über ›Traditionalism and

Socialism in Vivekanada's Thought‹ (veröffentlicht in: The Phases of
Indian Nationalism and Other Essays, Bombay [Nachiketa] 1970) der
Verbindung von Rückbesinnung und Fortschritt nachzuspüren. Jürgen
Lütt analysiert in seinem Buch ›Hindu-Nationalismus in Uttar Prades
1867—1900‹, Stuttgart (Klett) 1970, die Komponenten des Kultur-
nationalismus in Nordindien.

Vergleichbare Studien der Ansätze eines muslimischen Kommunalismus fehlen noch. Interessante Informationen bietet hierzu A. H.
Albiruni, Makers of Pakistan, Lahore 1950, mit Skizzen bedeutender
Muslims des 19. Jahrhunderts wie Altaf Husain Hali und Allama
Shibli Nomani. Bisher ist meist nur über Syed Ahmad Khan berichtet
worden, aus dessen Werken auch der bereits zitierte Quellenband von
de Bary, Sources of Indian Tradition, wichtige Auszüge bringt.

Eine besondere Variante des religiös fundierten Nationalismus
zeigen die Schriften des jungen Aurobindo, die in einer Veröffentlichung von Haridas und Uma Mukherjee, The Political Thought of
Sri Aurobindo, Kalkutta 1958, ausführlich zitiert werden.

6.3. Ständestaat und parlamentarische Demokratie:
Widersprüche der britisch-indischen Verfassungsreformen

Das Standardwerk zur indischen Verfassungsgeschichte ist A. B.
Keith, A Constitutional History of India, 1600—1935, London 1936.
Es wurde im Rahmen der Vorbereitung der Verfassungsreform von
1935 verfaßt. Ein ähnlich monumentaler Bericht aus aktuellem Anlaß
ist R. Coupland, The Indian Problem, 1833—1935, London 1942,
Indian Politics, London 1943 und The Future of India, London
1944. Er wurde in den Kriegsjahren verfaßt, als es darum ging, eine
Bestandsaufnahme zu machen, um weitere Pläne vorzubereiten. Ferner
sind die Regierungsveröffentlichungen zu erwähnen, die aus Anlaß der
verschiedenen Verfassungsreformen erschienen sind. Es sollen hier nur
zwei genannt werden, die auch die frühere Entwicklung zusammen-
fassend darstellen: Government of India, Report on Indian Constitutional Reform, Kalkutta 1918 (bekannt als Montague-Chelmsford
Report), Government of India, The Indian Statutory Commission
Report, 2 Bde., Kalkutta 1930 (bekannt als Simon Report). Weitere
Hinweise sind dem bereits genannten Buch des Verfassers ›Die Politische Willensbildung in Indien‹ zu entnehmen.

6.4. Der Freiheitskampf unter der Führung Gandhis

Über den indischen Freiheitskampf liegen von indischer Seite zwei große Gesamtdarstellungen vor, die von der Regierung in Auftrag gegeben worden waren. R. C. Majumdar, bekannt durch seine Werke über die alte indische Geschichte, war zunächst mit einer solchen Darstellung beauftragt worden. Als Bengali Hindu hatte er die politischen Ereignisse der Zeit miterlebt und interpretierte sie dementsprechend. Seine Interpretation war nicht im Einklang mit den Ansichten der Regierung, die statt dessen den Pädagogen und Diplomaten Tara Chand mit der Darstellung des Freiheitskampfes beauftragte. Als nordindischer Kayastha, der sich stets für ein harmonisches Zusammenwirken von Hindus und Muslims eingesetzt hatte und eine entsprechende Geschichtsauffassung vertrat, schrieb er eine Trilogie, deren erster Band mit dem Verlust der Freiheit im 18. Jahrhundert beginnt, im zweiten Band die Nachteile der Kolonialherrschaft beschreibt und im dritten die Wiedergewinnung der Freiheit schildert: History of the Freedom Movement in India Vol. I & II, New Delhi (Publications Division, Government of India) 1961, 1967.

Die von R. C. Majumdar vorbereiteten Bände erschienen ohne Regierungspatronage unter dem Titel ›History of the Freedom Movement in India‹. 3 Bde., Kalkutta 1962—63. Ein weiteres wichtiges Unternehmen ist die Herausgabe der gesammelten Werke Gandhis, die von seinen ersten publizistischen Arbeiten in Südafrika über das Manifest ›Hind Swaraj‹ (1907), die berühmte Autobiographie ›My Experiments with Truth (1927—29)‹, den Kommentaren in seinen Zeitschriften ›Young India‹ (1919—1928) und ›Harijan‹ (ab 1933) bis zu seinen letzten Äußerungen reicht (Collected Works of Mahatma Gandhi, New Delhi 1958 ff.).

In deutscher Übersetzung sind folgende Schriften Gandhis erschienen: Die Geschichte meiner Experimente mit der Wahrheit, München 1960; Gedanken, Wien 1962; Jung-Indien. Aufsätze aus den Jahren 1919—1922, Zürich 1924; Wohlfahrt für alle, Bellnhausen 1962. Von Jawaharlal Nehru sind u. a. folgende Veröffentlichungen erschienen: An Autobiography, London 1937; The Discovery of India, London 1947; Glimpses of World History, London, 4. Aufl. 1949; India's Foreign Policy, Delhi 1961; A Bunch of Old Letters, Bombay 1958; The Unity of India, London 1941. — In deutscher Übersetzung liegen u. a. vor: Ein Bündel alter Briefe, Darmstadt 1961. Indien im Wandel,

Bonn 1963. Indiens Weg zur Freiheit, 1948 (dt. Ausgabe der Autobiographie). Weltgeschichtliche Betrachtungen. Briefe an Indira, Düsseldorf 1937. Die Entdeckung Indiens, Berlin 1959.

Dem Versuch, die regionalen Aspekte der politischen Entwicklung dieser Zeit zu untersuchen, ist der von D. A. Low herausgegebene Sammelband ›Soundings in Modern South Asian History‹, London 1968, gewidmet. In ähnlicher Weise stellt der von Ravinder Kumar herausgegebene Sammelband ›Essays on Gandhian Politics. The Rowlatt Satyagraha of 1919‹, Oxford 1971, regionale Aspekte der ersten Kampagne Gandhis in Indien dar.

Gandhi und sein Wirken ist zum Gegenstand sehr vieler Monographien geworden. Es gibt bereits umfangreiche Bibliographien der Gandhiliteratur: Dharma Vir, Gandhi Bibliography, Chandigarh 1967. F. S. Chandra, Mahatma Gandhi. A descriptive bibliography. Delhi u. a. 1968. Hier seien nur einige wenige Werke genannt: Theodor Ebert, Gewaltfreier Aufstand. Alternative zum Bürgerkrieg, Freiburg 1968. Simone Panter-Brick, Gandhi contre Machiavel, Paris 1963, engl. Übersetzung: Gandhi against Machiavellian. Non-violence in Politics, London 1966. Indira Rothermund, The Philosophy of Restraint — Mahatma Gandhi's Strategy and Indian Politics, Bombay 1963. Eine umfangreiche Dokumentation über das Leben Gandhis enthält das achtbändige Werk von G. Tendulkar, Mahatma, Life of Mohandas Karamchand Gandhi, Bombay 1960 ff.

Eine gute Gandhi-Biographie verfaßte B. R. Nanda, Mahatma Gandhi. A biography, London 1959. Eine detaillierte Beschreibung des Aufstiegs Gandhis zum Führer des Freiheitskampfes liefert Judith Brown, Gandhi's Rise to Power — Indian Politics 1915—1922, Cambridge 1972. Über seine erste Unternehmung nach seiner Rückkehr nach Indien, die Kampagne für die Bauern von Champaran in Bihar, berichtete sein Mitarbeiter, der spätere indische Präsident Rajendra Prasad, ›Satyagraha in Champaran‹, Madras 1928, als zeitgenössischer Augenzeuge.

Über das Leben Nehrus berichtet die bereits erwähnte Autobiographie, die 1935 abschließt. Die bisher beste und umfassendste Nehru-Biographie schrieb Michael Brecher, Nehru. A Political Biography, London 1969. Anhand des Nehru-Familiennachlasses schrieb B. R. Nanda, The Nehrus — Motilal and Jawaharlal, London 1962, eine Darstellung, die auch das Wirken des politisch ebenfalls bedeutenden Vaters umfaßt. Das bisher größte biographische Projekt in der neueren indischen Geschichtsschreibung ist die dreibändige Nehrubiographie von S. Gopal, das 1984 mit dem Erscheinen des letzten Bandes abgeschlossen wurde (Jawaharlal Nehru. A Biography, Vol. III: 1956—1964, Delhi 1984). Das Verhältnis Jawaharlal Nehrus zum Sozialismus hat der Verfasser in seinem Aufsatz ›Nehru and Early Indian Socialism‹ (Nachdruck in ›The Phases of Indian Nationalism‹, Bombay 1970), behandelt.

Außer Gandhi und Nehru haben auch andere führende Politiker autobiographische Berichte über den Freiheitskampf geschrieben. Besonders zu nennen sind hier Rajendra Prasad, Autobiography, Delhi 1957, und Abul Kalam Azad, India Wins Freedom, An autobiographical narrative, Bombay 1960. Subhas Chandra Bose schrieb ›The Indian Struggle‹, 2 Bde., Kalkutta 1948—52.

Weitere Schriften wurden unter dem Titel ›Crossroads, being the works of Subhas Chandra Bose, 1938—1940‹, London 1962, veröffentlicht. In deutscher Sprache liegt von Alexander Werth, Der Tiger Indiens, Subhas Chandra Bose, ein Leben für die Freiheit des Subkontinents, München 1971, eine Zusammenstellung von Berichten über das Wirken Boses im Zweiten Weltkrieg vor.

6.5. Der Zweite Weltkrieg und die Teilung Indiens

Eine gründliche Untersuchung der Indienpolitik Großbritanniens und der Achsenmächte ist die Arbeit von Johannes Voigt, Indien im Zweiten Weltkrieg, Stuttgart 1978. Der dritte Band des bereits zitierten Werkes von R. Coupland, The Indian Problem, London 1942—43, ist hier ebenfalls zu nennen.

Dem Schöpfer des Namens „Pakistan" hat K. K. Aziz eine politische Biographie gewidmet (Rahmat Ali: A Biography, Wiesbaden 1986). Über Jinnah liegt jetzt eine umfangreiche politische Biographie vor: Stanley Wolpert, Jinnah of Pakistan, London 1984.

Zur Teilung und ihrer Vorgeschichte bieten die von N. Mansergh herausgegebenen britischen Quellenveröffentlichungen ›The Transfer of Power 1942—47, Constitutional relations between Britain and India‹, London 1970 ff., wichtiges Material.

Auch der von C. Philips herausgegebene Sammelband ›The Partition of India‹, Leeds 1967, ist sehr aufschlußreich. Einen spannenden Augenzeugenbericht lieferte der Presseattaché des letzten Vizekönigs: A. Campbell-Johnson, Mission with Mountbatten, London 1951.

V. P. Menon, der als indischer Beamter zum Stab des Vizekönigs und später zu dem des Innenministers Patel gehörte, hat sowohl ›The Transfer of Power in India‹, Bombay 1957, als auch ›The Story of the Integration of the Indian States‹, London 1956, meisterhaft beschrieben.

7. Die Republik Indien — Kontinuität und Konflikte

7.1. Regionale Konflikte und globale Außenpolitik

Zur indischen Außenpolitik hat der Indian Council of World Affairs eine Reihe chronologisch angeordneter Bände veröffentlicht: K. P. Karunakaran, India in World Affairs 1947—1950, London 1952; 1950—1953 (London 1958); 1954—1956 (London 1964). Ferner sind an Einzelanalysen, die sich oft auf bestimmte Nachbarstaaten und Regionen beziehen, folgende Werke zu nennen: F. C. Kundra, Indian Foreign Policy 1947—54. A study of relations with the Western Bloc, Groningen 1955, F. B. Dasgupta, Indo-Pakistan Relations 1947—55, Amsterdam 1960; Ton That Thien, India and South East Asia 1947—1960, Genf 1963; Sisir Gupta, Kashmir. A Study in Indian-Pakistan relations, Bombay 1967. Die Beziehungen Indiens zu den USA beanspruchen besonderes Interesse und wurden von den folgenden Autoren behandelt: Lawrence K. Rosinger, India and the United States, New York 1950. Philips Talbot und S. Poplai, India and America: A study of their relations, New York 1958.

Der Grenzkonflikt mit China prägte Indiens Außenpolitik und wurde daher in zunehmendem Maße diskutiert und dokumentiert. Die indische Regierung veröffentlichte den Notenwechsel mit China in folgenden Weißbüchern: Notes, memoranda and letters exchanged between the Governments of India and China, New Delhi 1960—63. Ferner veröffentlichte sie den Bericht der Boundary Commission, Report of the Officials of the Governments of India and the People's Republic of China on the Boundary Question, New Delhi 1961.

Eingehende Studien zur historischen Entwicklung der Grenze betrieb Alistair Lamb, Asian frontiers. Studies in a continuing problem, New York 1968, und The Sino-Indian border in Ladakh, Canberra 1973 sowie The McMahon Line: A study in the relations between India, China and Tibet 1904 to 1914. London 1966. Eine sehr kontroverse

Darstellung des Konfliktes lieferte N. Maxwell, India's China War, London 1971.

Nach der Taschkentkonferenz von 1966 beanspruchten die Beziehungen Indiens zur Sowjetunion wachsende Aufmerksamkeit. Der Verfasser veröffentlichte in der Reihe ›Forschungsberichte und Untersuchungen zur Zeitgeschichte‹ der Arbeitsgemeinschaft für Osteuropaforschung ›Indien und die Sowjetunion‹, Tübingen 1968. Kurz darauf folgten Arthur Stein, India and the Soviet Union. The Nehru Era, Chicago 1969, und J. Naik, Soviet policy towards India. From Stalin to Brezhnev, Delhi 1970. Beide Autoren verwendeten aber kaum das neueste russische Schrifttum, das der Verfasser für seine Studie herangezogen hat. Die besondere Rolle der pakistanischen Staatskrise im Rahmen der indisch-sowjetischen Beziehungen behandelte A. K. Ray, Domestic Compulsions and Foreign Policy — Pakistan in Indo-Soviet Relations, New Delhi 1974. Das Jahrbuch der Deutschen Gesellschaft für auswärtige Politik „Die Internationale Politik", das erstmals für das Jahr 1955 erschien (München, R. Oldenbourg), enthält regelmäßig Berichte über die indische Außenpolitik. Beiträge des Verfassers sind in den Bänden für die Jahre 1958—1960, 1962, 1963 und 1964—65 zu finden.

7.2. Verfassungskontinuität und Parteipolitik

Die wichtigsten Quellen zur Entstehung der Verfassung der Republik Indien sind die Constituent Assembly Debates, New Delhi 1946—50. Shiva Rao, ed., The Constitution of India. 12 Bde., Bombay 1970, enthält eine wichtige Sammlung der Entwürfe und Papiere, die in der verfassunggebenden Versammlung zirkulierten. B. N. Rau, India's Constitution in the Making, Bombay 1963, ist eine Aufsatzsammlung des Verfassungsexperten, der schon an dem Government of India Act 1935 mitgewirkt hatte und später auch die verfassunggebende Versammlung beriet. Granville Austin, The Indian Constitution: Cornerstone of a Nation, Oxford 1966, liefert eine sorgfältige Analyse des politischen Hintergrunds wichtiger Verfassungsabschnitte, z. B. zu den Grundrechten, Eigentum, Nationalsprache etc.

Über die wichtigsten Parteien Indiens gibt es spezielle Monographien: Stanley Kochanek, The Congress Party of India. The dynamics of one-party democracy, Princeton 1968. Myron Weiner,

Party Building in a New Nation. The Indian National Congress, Chicago 1967; Gene Overstreet und Marshall Windmiller, Communism in India, Berkeley 1960. Indira Rothermund, Die Spaltung der Kommunistischen Partei Indiens, Wiesbaden 1969; Craig Baxter, The Jana Sangh: A Biography of an Indian Political Party, Philadelphia 1967; Angela Burger, Opposition in a Dominant Party System. A study of the Jan Sangh, the Praja Socialist Party and the Socialist Party in Uttar Pradesh, India. Berkeley 1969; H. Erdmann, The Swatantra Party and Indian Conservatism, Cambridge 1967.

Allgemeine Darstellungen politischer Institutionen und des politischen Lebens in Indien geben W. H. Morris-Jones, Parliament in India, London 1957, und The Government and Politics of India, London 1964; Norman D. Palmer, The Indian Political System, New York 1971, Myron Weiner, The Politics of Scarcity. Public pressure and political response in India, Chicago 1962. Die politische Szene des größten indischen Bundeslandes, Uttar Pradesh, analysiert Paul Brass, Factionalism in an Indian State, Berkeley 1965.

Die vielen bisher in Indien abgehaltenen Wahlen gaben Anlaß zu einer ganzen Reihe von Wahlanalysen, von denen hier nur die interessantesten genannt sein sollen: Rajni Kothari (ed.), Indian Voting Behaviour. Studies of the 1962 general elections, Kalkutta 1965; V. M. Sirsikar, Sovereigns Without Crowns. A behavioural analysis of the Indian electoral process, Bombay 1973.

7.3. Wirtschaft

Die Wirtschaftsgeschichte Indiens steckt noch in den Anfängen. Eine Pionierarbeit aus nationalistischer Sicht ist R. C. Dutt, The Economic History of India. 2 Bde., Delhi 1960 (Neudruck). Einen guten Überblick von britischer Seite gibt Vera Anstey, The Economic Development of India, London 1957. Eine kurze Gesamtdarstellung der neueren Zeit unter Berücksichtigung verschiedener Lehrmeinungen und Forschungsergebnisse gibt W. J. Macpherson, "The Economic Development of India under the British Crown, 1858—1947," in dem von A. J. Youngson herausgegebenen Sammelband "Economic Development in the Long Run," London (Unwin University Books) 1972. Eine gute bibliographische Übersicht geben Morris D. Morris and Burton Stein, "The Economic History of India: A Bibliographic Essay", Journal of

Economic History, Vol. 21, No. 2, (Juni 1961). D. R. Gadgil, The Industrial Evolution of India in Recent Times, Oxford 1924, ist eine sehr präzise kurze Skizze der indischen Wirtschaftsentwicklung aus der Sicht eines bedeutenden indischen Wirtschaftswissenschaftlers. Für die neuere Zeit ist der von V. B. Singh herausgegebene Sammelband ›Economic History of India 1857—1957‹, Bombay 1967, der Einzelbeiträge über die verschiedenen Wirtschaftszweige enthält, ein nützliches Handbuch, der nur zum Teil durch die ›Cambridge Economic History of India‹ (siehe oben unter Gesamtdarstellungen) überholt worden ist. Die ausländischen Investitionen untersuchte Michael Kidron, Foreign Investments in India, London 1965. Eine umfassende neuere Arbeit über private Wirtschaftsinvestitionen ist Amiya Bagchi, Private Investments in India, 1900—1939, Cambridge 1972. Eine ausgezeichnete Arbeit über die für das koloniale Wirtschaftssystem typische Organisationsform der Managing Agencies ist die Berliner Dissertation von Henner Papendieck, ›Britische Managing Agencies in Kalkutta und die Entwicklung des indischen Kohlebergbaus von 1838 bis 1918‹, zusammengefaßt in seinem Beitrag zu dem Sammelband von D. Rothermund and D. C. Wadhwa (Hrsg.), Zamindars, Mines and Peasants, New Delhi 1978.

Ein für Indien als Agrarland besonders wichtiger Themenkreis, der auch einen unmittelbaren Bezug zur Frage der Landreform in der Gegenwart hat, sind Agrarverfassung und Agrarproduktion. Das Standardwerk zur Agrarverfassung ist B. H. Baden-Powell, The Land Systems of British India, 3 Bde. Oxford 1892. Der Verfasser hat zu dieser Thematik mehrere Aufsätze veröffentlicht: ›Die historische Analyse des Bodenrechts als eine Grundlage für das Verständnis gegenwärtiger Agrarstrukturprobleme, dargestellt am Beispiel Indiens‹. Jahrbuch des Südasien-Instituts 1966, nachgedruckt in R. v. Albertini, Moderne Kolonialgeschichte, Köln 1970; ›Government, Landlord and Tenant in India, 1875—1900‹, in: Indian Economic and Social History Review 6 (1969), S. 351—367; ›The Bengal Tenancy Act of 1885 and its influence on legislation in other Provinces‹, in: Bengal Past and Present, Diamond Jubilee Number 1967. S. 90—105; ›The Record of Rights in British India‹, in: Indian Economic and Social History Review 8 (1971), S. 443—461; siehe ferner die unter 5.3. (Verwaltung) zitierte Monographie. In diesem Zusammenhang ist auch der bereits zitierte Sammelband, R. Frykenberg, ed., Land Control and Social Structure in Indian History, zu erwähnen. Eine besondere Regionalstudie ist Dharma Kumar, Land and Caste in South India. Agricultural labour in the Madras Presidency during the 19th century, Cambridge 1965. Eine ähnliche Studie für ein Gebiet, das noch weitgehend von einer Stammesverfassung geprägt war und zur feudalisierten Bauernkultur überging, ist die Arbeit von Detlef Graf Schwerin, Von Armut zu Elend — Kolonialherrschaft und Agrarverfassung in Chota Nagpur, 1888—1908, Wiesbaden 1977. Für die Probleme der Gegenwart sind die Schriften von Daniel Thorner besonders aufschlußreich, z. B. The Agrarian Prospect in India, London 1958, und Daniel und Alice Thorner, Land and Labour in India, London 1962. Über langfristige Trends der Agrarproduktion informiert George Blyn, Agricultural Trends in India: Output, Availability and Productivity, Philadelphia 1966. Eine neue zusammenfassende Darstellung versucht D. Rothermund, Indiens wirtschaftliche Entwicklung. Von der Kolonialherrschaft bis zur Gegenwart, Paderborn 1985 (UTB 1378). Ergänzend dazu siehe die Aufsatzsammlung: D. Rothermund, The Indian Economy under British Rule, New Delhi 1983.

Die allgemeine Wirtschaftsentwicklung Indiens nach der Unabhängigkeit hat viele Kommentatoren interessiert. Es ist unmöglich, hier auch nur annähernd über diese Literatur einen Überblick zu geben. Es seien nur wenige Werke genannt, die sich auch durch eine historische Perspektive auszeichnen. Für die Epoche der ersten Fünfjahrespläne ist hier besonders Wilfried Malenbaum, Prospects for Indian Development, London 1962, zu nennen. Das Standardwerk über die indische Wirtschaftsplanung schrieb A. H. Hanson, The Process of Planning. A study of India's Five Year Plans 1950—1964, London 1966. In deutscher Sprache liegt eine gute Übersicht vor von Shankerier Subramaniam, Die Wirtschaftsentwicklung Indiens 1951—1961, Tübingen 1965. Das demographische Standardwerk, das den besten Überblick über die indische Bevölkerungsentwicklung gibt, ist Kingsley Davis, The Population of India and Pakistan, Princeton 1951.

ZEITTAFEL

Die Zeittafel soll den Text ergänzen, in dem bewußt auf eine Anhäufung von Jahreszahlen verzichtet wurde. Deshalb sind hier auch Einzelheiten aufgeführt, die im Text nicht erwähnt wurden. Um die Benutzung der Tafel in Verbindung mit der Faltkarte zu erleichtern, sind bei wichtigen Orten und Dynastien die in der Karte eingezeichneten Teilregionen durch ihre Ziffern (z. B. A 4) angegeben.

ca. 3500 v. Chr.		neolithische Revolution = Übergang zum seßhaften Ackerbau
ca. 2250—1750		Induskultur von Harappa und Mohenjo Daro (A 1)
ca. 1500		Ausbreitung der Arier in der oberen Indus- und Gangesebene (A 1 u. 2)
ca. 500		Abschluß der arischen Durchdringung der mittleren Gangesebene (A 3)
563— 486		Gautama Buddha
ca. 400— 320		Nanda-Dynastie von Magadha (A 4)
327— 325		Alexander der Große am Indus
ca. 320		Chandragupta gründet die Maurya-Dynastie
274— 232		Ashoka
ca. 230		Beginn der Satavahana-Dynastie (B 1)
185		Pushyamitra Sunga stürzt die Mauryas
ca. 155— 100		Kharavela, Herrscher von Kalinga (Orissa)
ca. 100		Herrschaft der Saken in Nordindien (A 1 u. 2)
ca. 80— 150 n. Chr.		Kanishka erobert Nordindien (A 1, 2, 3)
ca. 100— 200		Sangam-Zeitalter der Tamilkultur (C 2, 3, 4)
ca. 200		Niedergang der Satavahana-Dynastie
280— 340		Pravarasena, mächtigster Herrscher der Vakataka-Dynastie (B 1 u. 2)
320		Chandragupta gründet die Gupta-Dynastie Nordindiens (A 2, 3, 4)
ca. 300— 500		Kalabhras herrschen in Südindien
ca. 400— 600		Aufstieg der Pallava-Dynastie von Kanchi (C 2)

335— 376	Samudragupta dehnt das Guptareich nach Westen aus (Malwa und Gujarat)
376— 415	Chandragupta II, Höhepunkt des Guptareiches, Bericht des chinesischen Pilgers Fa-Hsien aus dieser Zeit
ca. 500— 530	Ende des Guptareiches, Nordindien unter der Herrschaft der Hunnenkönige Toramana und Mihirakula
ca. 340— 550	Kadamba-Dynastie (B 3)
550— 750	Chalukyas von Badami (B 3)
609— 642	Pulakesin II, größter Herrscher der Chalukya-Dynastie, kämpft gegen Harsha und Mahamalla
606— 647	Harshavardhana von Kanauj (A 2 u. 3) Bericht des chinesischen Pilgers Hsüan Tsang aus dieser Zeit
630— 668	Narasimhavarman I, genannt Mahamalla, Pallavakönig (C 3)
753	Dantidurga aus der Rashtrakuta-Dynastie vernichtet die Chalukyas und macht sich zum Herrscher des Hochlandes (B 1, 2, 3)
770— 810	Dharmapala, größter Herrscher der Pala-Dynastie (A 3 u. 4)
775— 800	Vatsaraja gründet das Gurjara-Pratihara-Reich (A 2, 3)
800— 916	Wiederholte Kriegszüge der Rashtrakutas gegen die Gurjara-Pratiharas
836— 890	Bhoja, König der Gurjara-Pratihara-Dynastie in Kanauj (A 1, 2, 3, 4)
973	Taila II, Chalukya-König, erneuert die Macht der alten Dynastie und löst die Rashtrakutas ab (B 2)
985—1012	Rajaraja, der Große, erneuert die Macht der alten Chola-Dynastie und ersetzt die Pallavas (C 3 u. 4)
1012—1044	Rajendra, bedeutendster Chola-König
1025	Flottenexpedition Rajendras gegen das Reich Srivijaya (auf Sumatra)
1001—1026	Einfälle des Mahmud von Ghazni aus Afghanistan in Nordindien, 1024 Plünderung des Tempels von Somnath in Gujarat, Zerfall des Gurjara-Pratihara-Reichs
1070—1118	Kulottunga I, aus der östlichen Chalukya-Dynastie von Vengi (C 1) wird durch Erbfolge Chola-König, letzte Blüte des Chola-Reiches

1100—1110	Ballala I, Hoysala-Dynastie, Aufstieg einer neuen Macht im südlichen Hochland (B 4)
ca. 1200	Auflösung des Chalukya-Reiches und des Chola-Reiches, Rivalität mehrerer regionaler Dynastien: Yadava (B 1 u. 2), Kakatiya (B 2/C 1), Hoysala (B 4), Pandya (C 4)
1192—1202	Eroberung Nordindiens (A 1, 2, 3, 4) durch Mohammed von Ghor (Afghanistan)
1206	Kutb-ud-Din Aibak gründet das Sultanat Delhi
1296—1316	Ala-ud-Din Khilji, Sultan von Delhi, straff zentralisierte Herrschaft über Nordindien
1300	Malik Kafur, General des Sultans, erobert das Hochland und Teile der Küstenregion
1325—1351	Mohammed Tughluk, Sultan von Delhi, versucht Hauptstadt nach Daulatabad (B 1) zu verlegen, größte Ausdehnung des Sultanats und Beginn seines Zerfalls
1336	Harihar gründet das Reich Vijayanagar (B 3, dann bald auch B 4, C 2, 3 u. 4)
1347	Ala-ud-Din Bahman Shah gründet das Bahmani-Sultanat (B 1 u. 2)
1398—1399	Einfall Timurs in Nordindien, Zusammenbruch des Sultanats von Delhi
1472	Mohammed Gawan, General des Bahmani-Sultanats, konsolidiert die Herrschaft von Küste zu Küste
1479	Das Sultanat der afghanischen Lodi-Dynastie von Delhi besiegt das Sultanat von Jaunpur (A 3) und konsolidiert die Herrschaft über Nordindien
ca. 1500	Zerfall des Bahmani-Sultanats in fünf Teilstaaten: Ahmednagar (B 1), Bidar (B 2), Berar (B 2), Bijapur (B 3), Golkonda (B 2/C 1)
1509—1529	Krishnadeva Raya, größter Herrscher von Vijayanagar, unterwirft die gesamte Ostküste
1510	Die Portugiesen erobern Goa
1525	Einfall des Moguls Babur von Afghanistan nach Nordindien
1542—1545	Der Afghane Sher Shah unterwirft Nordindien und baut ein zentralistisches Verwaltungssystem auf
1554—1556	Der Mogul Humayun kehrt aus dem persischen Exil zurück, besiegt die Afghanen und stirbt kurz darauf

1556—1605	Akbar konsolidiert das Mogulreich
1565	Das Heer Vijayanagars wird von den vereinten Kräften der Nachfolgestaaten des Bahmani-Sultanats vernichtend geschlagen
1600	Gründung der britischen Ostindiengesellschaft
1602	Gründung der holländischen Ostindiengesellschaft
1605—1627	Jahangir setzt die Friedenspolitik Akbars fort
1615—1618	Sir Thomas Roe als erster britischer Gesandter am Hofe Jahangirs
1628—1658	Shah Jahan wendet sich der Eroberung des Hochlandes zu, größte Prachtentfaltung des Mogulreiches (Bau des Taj Mahal in Agra als Grabmal der Frau Shah Jahans, sowie des Roten Forts und der größten Moschee in Delhi)
1630	Mogultruppen vor Bijapur (B 3)
1633	Eroberung Daulatabads, Annexion des Sultanats von Ahmednager (B 1)
1646	Der Marathenführer Shivaji schafft sich im Gebiet von Puna zwischen Ahmednagar und Bijapur eine Hausmacht
1636—1644	Mogulprinz Aurangzeb Vizekönig des Hochlandes
1655	Aurangzeb überfällt Golkonda (B 2/C 1)
1658—1707	Aurangzeb führt das Mogulreich zur größten territorialen Ausdehnung, überspannt es dabei und bereitet seinen Zerfall vor
1664	Gründung der französischen Ostindiengesellschaft
1670	Shivaji plündert Surat in Gujarat, Haupthafen des Mogulreiches
1680	Tod Shivajis
1681	Aurangzeb verlegt seine Hauptstadt ins Hochland und erbaut Aurangabad (B 1)
1686—1687	Aurangzeb annektiert Bijapur (B 3) und Golkonda (B 2/C 1)
1707—1719	Drei Mogulherrscher in rascher Folge von Königsmachern auf den Thron gehoben, präsidieren über den Verfall des Reiches
1714—1720	Balaji Vishwanath, Minister (Peshwa) des Marathenkönigs Shahu, schafft das neue System zentralisierter Tributeinziehung bei Beibehaltung regionaler und lokaler Selbstverwaltung

1724	Nizam-al-Mulk Asaf Jah, Vizekönig des Hochlandes und Minister in Delhi, kehrt nach Haiderabad zurück und gründet dort einen faktisch unabhängigen Staat (B 2/C 1), andere Provinzen des Reiches folgen diesem Beispiel, besonders Oudh (A 3) und Bengalen (A 4)
1720—1740	Baji Rao, Sohn Balajis, Peshwa und Feldherr der Marathen
1739	Nadir Shah, der Herrscher Persiens, fällt in Indien ein, erobert Delhi und kehrt mit dem gesammelten Reichtum der Mogulkaiser zurück
1742—1754	Gouverneur Dupleix von der französischen Ostindiengesellschaft spielt indische Herrscher gegeneinander aus und leistet den Briten Widerstand
1751	Robert Clive, ein junger Beamter der britischen Ostindiengesellschaft, wird durch seine Verteidigung der Stadt Arcot berühmt
1757	Clive schlägt den Nawab von Bengalen in der Schlacht von Plassey und setzt Mir Jafar als Nawab ein
1760	Die Franzosen werden bei Wandiwash in der Nähe von Madras von den Briten entscheidend geschlagen
1761	Die Marathen unter dem General Sada-Shivrao kämpfen bei Panipat nördlich von Delhi gegen die Afghanen unter Ahmad Shah Durrani und verlieren die Schlacht, Machtvakuum in Nordindien
1764	Die Briten besiegen bei Buxar in Bihar die vereinten Kräfte der Nawabs von Bengalen und Oudh und des Großmogul Alam II
1765	Clive kehrt als Gouverneur von Bengalen nach Indien zurück und erhält vom Großmogul die Diwani (Steuerhoheit) über Bengalen und Bihar für die britische Ostindiengesellschaft
1769	Haider Ali unterwirft weite Gebiete Südindiens und zwingt den Briten vor Madras einen Diktatfrieden auf
1774	Regulation Act des britischen Parlaments über die Regierung Indiens durch die Ostindiengesellschaft. Warren Hastings, seit 1772 Gouverneur von Bengalen, wird erster Generalgouverneur
1782	Haider Ali stirbt, sein Sohn Tipu Sultan setzt den Kampf gegen die Briten in Südindien fort

1784	Zweites Gesetz des britischen Parlaments über die Regierung Indiens, Stärkung der Position des Generalgouverneurs, Schaffung einer Aufsichtsbehörde (Board of Control) in London
1785	Hastings tritt zurück und wird nach seiner Heimkehr als Kriegsverbrecher angeklagt. Lord Cornwallis wird sein Nachfolger, er besiegt Tipu Sultan, der einen Teil seines Territoriums den Briten übergeben muß
1793	Permanent Settlement (Grundsteuerveranlagung) Bengalens
1796	Lord Wellesley Generalgouverneur
1799	Endsieg der Briten über Tipu Sultan
1803	Abtretung der Doab-Region (A 2) an die Briten durch den Nawab von Oudh
1818	Britischer Endsieg über die Marathen
1843	Britische Annektion von Sindh (A 1)
1849	Britische Annektion des Panjab (A 1)
1856	Britische Annektion von Oudh (A 3)
1857	Aufstand der indischen Soldaten der britisch-indischen Armee in Nordindien (Mutiny) und der Grundherren von Oudh
1858	Auflösung der Ostindiengesellschaft, Übernahme der Herrschaft durch die Krone
1861	Errichtung des Imperial Legislative Council mit einigen nominierten indischen Mitgliedern
1877	Königin Victoria nimmt den Titel Kaiserin von Indien an
1885	Gründung des indischen Nationalkongresses
1892	Reform des Imperial Legislative Council, Erhöhung der Zahl der indischen Mitglieder
1905	Teilung Bengalens, Boykott britischer Waren
1906	Gründung der Muslim Liga
1907	Spaltung des Nationalkongresses in „Gemäßigte" und „Extremisten"
1908	Verhaftung und Verurteilung Tilaks
1909	Verfassungsreform (Morley — Minto)
1916	Lakhnau-Pakt von Kongreß und Liga
1917	Montagu-Erklärung über "Responsible Government"

1918	Weitere Spaltung des Nationalkongresses, Bildung des Bundes der Liberalen (Liberal Federation)
1919	Rowlatt-Gesetze, Gandhis erste Satyagraha-Kampagne, Massaker von Jalianwala Bagh
1920	Verfassungsreform (Montagu — Chelmsford)
1920/22	Gandhis Kampagne der Nichtzusammenarbeit in Verbindung mit der Khilafat-Agitation der Muslims
1928	Simon-Kommission (Indian Statutory Commission) zur Erarbeitung von Verfassungsreformvorschlägen
1928	Nehru-Report (indischer Entwurf einer Dominion-Verfassung)
1929	Irwins Erklärung zum "Dominion Status"
1930	Gandhis „Salzmarsch" und die Kampagne des Bürgerlichen Ungehorsams (Civil Disobedience)
1930	Erste Konferenz am Runden Tisch in London, vom Kongreß boykottiert
1931	Gandhi-Irwin-Pakt, Zweite Konferenz am Runden Tisch, Teilnahme Gandhis
1932	Wiederaufnahme der Kampagne des Bürgerlichen Ungehorsams
1934	Wahlen zum Zentralparlament (Imperial Legislative Council) unter Beteiligung des Nationalkongresses
1935	Verfassungsreform (Government of India Act)
1936	Wahlen der Provinzlandtage, Wahlsieg des Nationalkongresses
1937	Bildung von Kongreßregierungen in sieben Provinzen Britisch-Indiens
1939	Kriegsausbruch und Rücktritt der Kongreßregierungen
1940	"Pakistan Resolution" der Muslim Liga, Zwei-Nationen-Theorie Jinnahs
1942	Cripps-Mission, Problem der Verteidigung Indiens, Ablehnung des Cripps-Angebots einer nationalen Regierung durch den Kongreß, "Quit India"-Resolution, „August-Revolution"
1944	Gandhi-Jinnah-Gespräche enden ergebnislos
1945	Simla-Konferenz, britische Pläne zur Bildung einer nationalen Interimsregierung scheitern an den Forderungen Jinnahs
1946	Wahlen, starker Stimmenzuwachs für die Muslim-

	Liga, Direct Action Day der Liga in Kalkutta, 16. August
	Interimsregierung, Premierminister Jawaharlal Nehru Wahlen zur verfassunggebenden Versammlung
1947	Unabhängigkeit und Teilung: Dominion Pakistan 14. August, Dominion Indien 15. August, Beginn des Kaschmir-Konflikts
1948	Ermordung Gandhis, 30. Januar
1949	Nehrus Besuch der Vereinigten Staaten
1950	Verabschiedung der Verfassung der Republik Indien, Staatspräsident Dr. Rajendra Prasad, Premierminister Jawaharlal Nehru
1951	Nehrus Vermittlung im Koreakrieg
1952	Erste allgemeine Wahlen, Erfolg der Kongreßpartei
1954	Indischer Vermittlungsversuch im Indochina-Konflikt, Bildung der internationalen Kontrollkommission unter Vorsitz Indiens, Einbeziehung Pakistans in das amerikanische Bündnissystem (CENTO, SEATO)
1955	Bandung-Konferenz der afro-asiatischen Staaten unter maßgeblicher Beteiligung Indiens, Besuch Chruschtschows und Bulganins in Indien
1956	Nehrus Stellungnahme zur sowjetischen Intervention in Ungarn wird im Westen kritisiert
1957	Zweite allgemeine Wahlen, wieder Erfolg der Kongreßpartei mit Ausnahme von Kerala, wo es zur Bildung einer kommunistischen Landesregierung unter E. M. S. Namboodiripad kommt. Auslaufen der Sterlingguthaben Indiens bei der Bank of England, Beginn der ausländischen Wirtschaftshilfe
1959	"President's Rule" in Kerala, Kursänderung der Kongreßpartei nach Gründung der Swatantra-Partei (rechte Opposition), Flucht des Dalai Lama von Tibet nach Indien
1960	Vertrag mit den Vereinigten Staaten über Weizenlieferungen (P. L. 480)
	Abschluß des Indus-Vertrages mit Pakistan
	Nehrus Vermittlungsversuch in den Vereinten Nationen nach dem Scheitern der Pariser Gipfelkonferenz

1961	Konferenz der bündnisfreien Staaten in Belgrad unter maßgeblicher, wenn auch nicht sehr begeisterter Beteiligung Indiens
	Gespräche Nehru—Tschou En-lai in Delhi
	Indische Truppen marschieren in Goa ein und setzen der portugiesischen Kolonialherrschaft ein Ende
1962	Dritte allgemeine Wahlen, Grenzkonflikt mit China
1964	Tod Nehrus, Wahl des Nachfolgers Lal Bahadur Shastri
1965	Konflikt mit Pakistan, Kampfhandlungen zunächst im Rann von Kutch (Nordwest-Gujarat), dann in Kaschmir
1966	Waffenstillstand durch sowjetische Vermittlung, Konferenz von Taschkent, Tod Lal Bahadur Shastris, Wahl Indira Gandhis zur Nachfolgerin
1967	Vierte allgemeine Wahlen, Verluste der Kongreßpartei, Bildung von Koalitionsregierungen der bisherigen Oppositionsparteien in mehreren Bundesländern
1968	„Grüne Revolution" nach Zusammenbruch der Agrarpreispolitik der Regierung in den vorhergehenden Dürrejahren 1965/66
1969	Wahlen in einigen Bundesländern nach vorangehender "President's Rule", weiterhin keine Konsolidierung der Position der Kongreßpartei
1971	Indira Gandhi zieht die erst im folgenden Jahr fälligen Wahlen zum Bundesparlament vor und erringt einen großen Wahlsieg
	Indien schließt einen Freundschaftsvertrag mit der Sowjetunion ab
	Mehrere Millionen Flüchtlinge strömen von Ost-Pakistan nach Indien; indische Truppen befreien Bangla Desh von pakistanischer Herrschaft
1972	Eine neue Dürrezeit belastet die Wirtschaftsentwicklung
	Erfolgreiche Verhandlungen mit Pakistan
1974	Ein weiteres Dürrejahr folgt rasch auf die vorhergehende Dürre
	Die Weltenergiekrise trifft Indien besonders hart

	Inflationsrate von ca. 30%, großer Eisenbahnerstreik, Atomexplosion
1975	Protestbewegung gegen die Regierung, geführt von Jayaprakash Narayan, Indira Gandhi läßt nach einem Gerichtsurteil, das die Gültigkeit ihres Parlamentsmandats betrifft, und nach einer Niederlage der Kongreßpartei bei der Landtagswahl in Gujarat den Notstand erklären und Tausende von Oppositionspolitikern verhaften
1977	Wahlen. Indira Gandhis Kongreß verliert und die Janata-Partei (Premierminister Morarji Desai) übernimmt die Regierung
1979	M. Desai tritt zurück, eine Interimsregierung unter Premierminister Charan Singh regiert bis zu den Neuwahlen im Januar 1980
1980	Indira Gandhi gewinnt die Wahl. Ihr jüngerer Sohn Sanjay gewinnt großen politischen Einfluß, fällt aber im Sommer 1980 einem Flugzeugunfall zum Opfer
1983	Wahlen in den Bundesländern Andhra Pradesh und Karnataka werden vom Kongreß verloren. In Andhra Pradesh siegt die Regionalpartei Telugu Desam (N. Rama Rao) und in Karnataka die Janata-Partei (R. Hegde)
1984	Verschärfung der Unruhen im Bundesland Panjab. Armee stürmt den Goldenen Tempel von Amritsar (Juni), Indira Gandhi wird von ihrer Leibwache (Sikhs) erschossen (Oktober), ihr ältester Sohn Rajiv wird Premierminister und setzt bald darauf Neuwahlen an, die er mit großer Mehrheit gewinnt (Dezember)
1985	Erste Haushaltsvorlage der Regierung Rajiv Gandhi kündigt neue Wirtschaftspolitik an (Steuererleichterung, Liberalisierung). Kompromißlösung und Neuwahlen im Panjab (September): Sieg der Sikh-Partei Akali Dal (S. S. Barnala). Ebenso Kompromißlösung und Neuwahlen in Assam (Dezember), Gipfelkonferenz der South Asian Association for Regional Cooperation (SAARC), (Dezember, Dhaka)

ANMERKUNGEN ZUR KARTE

Die Faltkarte soll die Beziehungen zwischen physischer Struktur, Monsun, Anbauzonen und historischen Regionen verdeutlichen. Von besonderer Wichtigkeit ist dabei die Eintragung der Höhenkontur von 300 m, die weitgehend der Grenze zwischen Hochland und Reisebene entspricht, wie ein Vergleich mit der Anbauzonenkarte zeigt. Die Anbauzonenkarte beruht auf einer Karte des National Atlas of India von 1963 und sagt nichts darüber aus, wie die Anbauzonen vor ein oder zwei Jahrtausenden ausgesehen haben, als das Land nur einen Bruchteil seiner heutigen Bevölkerung zu ernähren brauchte. Da aber auch heute noch die Anbauzonen in erster Linie vom Regenfall und der Struktur des Landes geprägt sind, wie ein Blick auf die Monsunkarte zeigt, kann man sie zumindest als konstantes Potential ansehen. Historisch relevante Änderungen in der Nutzung dieses Potentials sind vor allem in der Reiskulturlandschaft der unteren Gangesebene und der südlichen Ostküste zu bemerken. In der regenreichen Gangesebene wurde der Wald gerodet und das Land urbar gemacht, an der regenarmen Südostküste kam es darauf an, durch künstliche Teiche, Dämme und Kanäle das Wasser der Flüsse zu nutzen. In diesen beiden Gegenden wuchs auch die Bevölkerung am stärksten. Eine historische Demographie Indiens ist aus Mangel an geeigneten Daten nicht zu erstellen, der enge Zusammenhang von Anbauzonen und Bevölkerungsdichte läßt es zu, aus der Anbauzonenkarte auch Rückschlüsse auf die Bevölkerungsverteilung zu ziehen.